張海鵬《學津討原》及其相關問題

劉學倫———著

潘序

　　本書作者劉學倫（1974-），民國六十三年在台北市出生，
1998年進入國立暨南國際大學中國語文學系就讀，並以第一名的
成績畢業，2001、2004年考上國立中央大學中國文學系碩、博士
班，專研中國古典文獻學的領域。在我的指導之下，先後完成碩
士論文《張海鵬彙刊叢書的成就——《學津討原》、《墨海金
壺》、《借月山房彙鈔》及其相關問題之研究》和博士論文《馬
端臨及其《文獻通考‧經籍考》之文獻學研究》。曾在國立暨南
國際大學、國立中央大學、國立陸軍專科學校、國立台北商業大
學等擔任兼任講師、兼任助理教授，現為北京師範大學珠海分校
文學院專任講師，講授漢字學、史記、史傳文學、中國文化通論
等課程，曾發表〈從「書目」中看「類書」的發展〉、〈《郡齋
讀書志》「蜀本」版本考〉、〈談劉孝標《梁文德四部目錄》成
書過程——兼論梁代其他目錄書的幾個問題〉、〈朱駿聲《說文
通訓定聲》概述〉、〈許說轉注、假借和同源字的關係〉、〈柳
宗元的辨偽思想——以中唐新《春秋》學為核心進行論述〉、
〈從書目中看「雜家」一詞意義的演變〉、〈論《昌黎先生集》
之《外集》——以宋代《韓集》編纂與校勘為核心進行論述〉、
〈馬端臨《文獻通考》之〈詩序〉觀〉、〈《漢志》反映的小說
觀念探析〉、〈李商隱「無題」詩新論〉、〈《說文》小篆部件
與原字「同形異義」探析〉等期刊論文。
　　本書《張海鵬《學津討原》及其相關問題》，是將原先碩士

論文中有關《學津討原》的部分抽出，並且加以增刪修訂而成。《學津討原》是張海鵬刊刻的第一套叢書，它是根據毛晉《津逮秘書》刪減增補而來；而《津逮秘書》又是在沈士龍、胡震亨所編輯《秘冊彙函》的基礎上完成的。對於這三套叢書的命名、刊刻時間、收書種類和卷數、現藏概況、特色價值和缺失、版式行款、後人評價等都有深入的論述。本書最主要的貢獻在於：一、較為全面地、系統地論述《秘冊彙函》、《津逮秘書》、《學津討原》的承繼關係。二、提出或釐清了一些觀點：例如《秘冊彙函》的輯刻者只有沈士龍、胡震亨二人，並不包括姚士粦和孫震卿；不能將收入偽書視為《津逮秘書》的缺失、《學津討原》的收書數目和卷數，當以張海鵬《學津討原‧總目》為依據等。足見本書具有一定的學術價值。

最後，期望學倫能在此領域，不辭辛勞，不畏艱難，繼續耕耘、播種，相信不久的將來，將會有更豐碩的成果。

潘美月
謹識於國立台灣大學中國文學系
民國一百零六年九月廿八日

作者序

　　從2001年進入中央大學碩士班就讀，始從潘美月老師，走上研究古典文獻學的道路。原本在博士班的期間，就打算將碩士論文出版，但終究因為某些原因而無法實現，心中一直頗為遺憾。趁著今年暑假期間，把碩論中有關《學津討原》的部分校稿，加以修訂增補，改成了今日所見的面貌。

　　現在看來，總覺得對以前所寫的內容不甚滿意，若是重新撰述，必定不會採取原先的寫作方式。這樣的想法，就當作是自己這幾年來學識有所增長的緣故吧！但不論如何，論文得以付梓出版，也終於一償宿願，算是值得欣慰的一件事。

　　謝謝秀威資訊鄭伊庭小姐的協助，更感謝長久以來家人、師長、朋友對我的支持與鼓勵，才使得我能繼續在學術的道路上堅持下去，也是讓這本書能夠問世的幕後推手。

謹識於新北自家書房
2017年8月25日

目次
CONTENTS

緒論　張海鵬生平簡述

　　張海鵬（1755-1816）是清乾嘉時期著名的藏書家、刻書家。關於他的生平，主要可以參考的傳世文獻有：一、黃廷鑑〈朝議大夫張君行狀〉。[1]二、清鄭鍾祥等修、龐鴻文等纂《重修常昭合志》。[2]三、《南張世譜》。[3]根據上述資料約略可知：

　　張海鵬，江蘇常熟人。字若雲，一字慶槐，號子瑜，或以子瑜為字，又稱克和居士、靜真居士。生於乾隆二十年（1755年）二月十六日，卒於嘉慶二十一年（1816年）閏六月初十日，享年六十二歲。系出於宋魏國忠獻公之後，常熟南張第十七世。其世系如下：

　　先祖：南軒先生、張孚。

　　一世：張佺，號景仙。

　　二世：待考。

　　三世：待考。

　　四世：張衡，字以平，號觀復。

　　五世：張純，字粹中。

---

[1]　見〔清〕黃廷鑑：《第六弦溪文鈔‧朝議大夫張君行狀》（臺北：藝文印書館，民國57年《百部叢書集成》影印《後知不足齋叢書》本），卷四，頁11-14。

[2]　見〔清〕鄭鍾祥等修、龐鴻文等纂：《重修常昭合志》（臺北：成文出版社，民國63年6月《中國方志叢書》影印清光緒甲辰三十年（1904年）活版刊本），卷三十二，頁三十一，總頁2231-2232。

[3]　未題編者：《南張世譜》（北京：線裝書局，2002年）。

六世：張懋，字時勉，號遜志。

七世：張湯民，字從禮，號晚翠。

八世：張文麟，字公瑞，號端巖。

九世：待考。《世譜》中可考出有「一」字輩和「九」字輩等。

十世：待考。《世譜》中可考出有「祖」字輩、「希」字輩、「大」字輩等。

十一世：待考。《世譜》中可考出有「元」字輩、「有」字輩、末字為「慶」等。

十二世：待考。《世譜》中可考出有「國」字輩、「兆」字輩等。

十三世：待考。《世譜》中可考出有「德」字輩等。

十四世：張士恆，字安吉，尊甫可能是其號。

十五世：張朝績，字亦中，號東岩。

十六世：張仁濟，字敬堂，號訥齋。

十七世：張海鵬，字若雲，一字子瑜，又字慶槐，或以子瑜為號。

十八世：張錫三。

十九世：張承露，字虛涵，號慧華。

張海鵬是父親張仁濟的第三子，長兄光基、仲兄梀基，以梀基之子錫三為後，可知錫三並非海鵬親生，張承露為其孫。性友愛，伯兄光基和兄嫂相繼去世，兄嫂臨終付託照顧其子金吾，當時金吾年僅十五，海鵬遵守兄嫂遺志，撫養金吾長大成人，並延師教導，待金吾如己出，金吾在耳濡目染之下，終成為清代著名

的藏書家、目錄學家。祖父張朝續建照曠閣，藏書萬餘卷，多為宋元舊刻，海鵬由此養成愛好藏書的習慣。讀書刻意攻苦，二十一歲時，考上補博士弟子員，即俗稱的秀才，之後三試不中，遂放棄對功名的追求，專心致力於讀書，為學以經部為主，旁通子史百家，曾感慨歷代以來許多書籍，因為遭受到災厄，無法妥善保存，久而散佚，見於今者百無一二。因此欲效法同鄉先賢毛子晉，以剞劂古書為己任，作為終其一生的志業，並延致好學知名之士，校訂訛誤，常常通宵達旦，了無倦容，可見其致力於刻書的毅力與精神。刻有《學津討原》、《墨海金壺》、《借月山房彙鈔》三部叢書、類書《太平御覽》以及未經《四庫》著錄的秘冊集子《金帚編》。生平嗜好收集古人金石書畫，以供賞玩，刻有《敬一堂墨刻》、《寶印齋印譜》。海鵬棄世時，《金帚編》甫開雕不久，《墨海金壺》雖完刻但未及行世，此書後由姪子藹亭替代刊行。中歲時，每晚反省一日之功過，記於簿中自我警惕，個性好勞惡逸，品行卓越，樂善好施，曾和孫原湘、張燮、陸肇堅三人設同善局救濟鄉民；與孫星衍、洪亮吉、黃廷鑑、何元錫、周杏芳、邵恩多等多位藏書家、刻書家、校勘家有所往來。死後以州同職銜加四級授朝議大夫階，實際上並未入仕。

　　張海鵬所刻之書，其中以《學津討原》最為學林所重。歷來的相關研究不多，僅有劉尚恆《古籍叢書說》[4]、李春光《古叢叢書述論》[5]和〈張海鵬和《學津討原》〉[6]、洪湛侯《中國文

――――――――――――

[4]　劉尚恆：《古籍叢書概說》（上海：上海古籍出版社，1989年12月），頁99-100。

[5]　李春光：《古籍叢書述論》（瀋陽：遼瀋書社，1991年10月），頁158-163。

[6]　李春光：〈張海鵬和《學津討原》〉，《文史知識》1992年3月（總第

獻學要籍解題》[7]……等文獻對《學津討原》進行概論性質的論述，尚未出現較為全面通盤的研究，所以本書擬就《學津討原》的相關問題進行研究與剖析。《學津討原》是根據毛晉《津逮秘書》刪減增補而來；而《津逮秘書》又是在沈士龍、胡震亨所編輯《秘冊彙函》的基礎上完成的。所以想要瞭解《學津討原》這部叢書的來龍去脈，徹底地進行研究，就必須追本溯源，從它的源頭《秘冊彙函》及《津逮秘書》開始談起。

129期），頁72-75。

[7] 洪湛侯：《中國文獻學要籍解題》（杭州：杭州大學出版社，1997年11月），頁295。

第一章　《秘冊彙函》研究

第一節　輯刻者：沈士龍和胡震亨

　　《秘冊彙函》是明代的沈士龍、胡震亨二人所輯刊的。兩人在《明史》皆無傳。觀沈士龍在《秘冊彙函》中所撰寫的題辭，均題「繡水沈士龍題」，可知沈士龍為浙江繡水人，繡水即秀水。胡震亨係浙江海鹽縣人。欲瞭解二人之生平梗概，筆者擬從地方志入手。

一、沈士龍

　　清嵇曾筠等監修、沈翼機等編纂的《浙江通志・卷一百四十・選舉十八》記載明萬曆二十五年丁酉（1597年）科舉人中，著錄「沈士龍，秀水人。」[1]又清田文鏡、王士俊等監修，孫灝、顧棟高等編纂的《河南通志・卷三十四・職官五・彰德府屬知縣・閿鄉縣》記載：「沈士龍，浙江孝豐人，歲貢。崇禎三年（1630年）任。」[2]

---

[1]　〔清〕嵇曾筠等監修、沈翼機等編纂：《浙江通志》（臺北：臺灣商務印書館，民國75年《景印文淵閣四庫全書》史部280冊地理類總冊522影印國立故宮博物院藏本），卷一百四十，頁三，總頁631。

[2]　〔清〕田文鏡、王士俊等監修，孫灝、顧棟高等編纂：《河南通志》（臺北：臺灣商務印書館，民國75年《景印文淵閣四庫全書》史部294冊地理類總冊536影印國立故宮博物院藏本），卷三十四，頁七十八，總頁301。

據上述資料，僅知沈士龍是浙江繡水（或秀水）人，明萬曆二十五年丁酉科舉人，崇禎三年時任職於河南彰德府閣鄉縣。

二、胡震亨

清王彬修、徐用儀纂：《海鹽縣志・卷十五・人物傳一》：

> 胡震亨，字孝轅，才高博學，於書無所不讀，而尤究心治術。自為諸生時，黃葵陽、馮具區諸先輩，即以經濟推之。中萬曆丁酉浙榜，名著海內。數上公車不遇，就職為固城教諭，以《尚書》授諸生。固城睦氏皆其高弟。大學士范景文亦及門士也。升合肥知縣，勵精政治，訟獄精明，錢糧分毫不可欺。鳳米解戶，悉改官解，大興水利，治狀冠江北。吏治之餘，請求兵事。劉綖援遼渡淮，震亨馳謁論兵，老將心折。時議舉邊才，不果。升德州知州，州吏持牘來迎，震亨批牘，尾以詩有云：「自愛小窗吟好句，不隨五馬渡江來。」謝病不赴，著書自娛。崇禎季年薦補定州知州，南北師行絡繹，供億有法，以城守功，擢兵部職方司員外郎，乞歸。藏書萬卷，日夕搜討，凡秘冊僻本，舊典佚事，遺誤魯魚、漫漶不可句讀者，無不補撥揚摧，稱博物君子。所著《唐詩統籤》、《海鹽圖經》、《續文選》、《靖康咨鑒錄》，凡海虞毛氏書，多震亨所編定也。子季瀛，別有傳。[3]

---

[3] 〔清〕王彬修、徐用儀纂：《海鹽縣志》（臺北：成文出版社，民國64年《中國方志叢書》華中地方第207冊影印清光緒二年（1876年）刊本），卷十五，頁五十九-六十，總頁1514-1515。

胡震亨，字孝轅，才高博學，於書無所不讀，在仕途上頗有功績。他的藏書有萬卷之多，凡是秘冊僻本、舊典佚事、遺誤魯魚、漫漶不可句讀者，皆詳加考證綴補，撰有《唐詩統籤》、《續文選》、《靖康咨鑒錄》等著作，毛晉刊刻的書籍有很多是他編定的。

關於《秘冊彙函》的編輯者，存在著二個問題，其一、輯刻者包不包括孫震卿、姚士粦二人？其二、毛晉是不是也是《秘冊彙函》的輯刻者之一？關於第二個問題，筆者將在下一章中再詳加討論，在此先解決第一個問題。清代的王鳴盛在《蛾術編·卷十四·合刻叢書》：「《秘冊彙函》，胡震亨與秀水沈士龍汝納、新都孫震卿百里，同刻于萬曆癸卯（萬曆三十一年，1603年）。三人各有序。」[4]孔毅在〈汲古閣刻本《津逮秘書》雜考〉一文中認為，《秘冊彙函》的輯刻者是沈士龍、胡震亨、姚士粦三人。[5]

但觀楊家駱主編的《叢書大辭典——附叢書總目類編》裡頭的《叢書總目類編》[6]和上海圖書館所編《中國叢書綜錄》[7]，都是著錄《秘冊彙函》的編輯者只有沈、胡二人，胡春光的《古籍叢書述論》一書，甚至只提及胡震亨一人。[8]筆者認為，《秘冊彙函》的編輯者，只有沈、胡二人，並不包括孫震卿、姚士粦。理由如下：

---

[4] 〔清〕：王鳴盛：《蛾術編》（臺北：信誼書局，民國65年7月影印道光二十一年辛丑（1841年）本），卷十四，頁十三，總頁555。

[5] 孔毅：〈汲古閣刻本《津逮秘書》雜考〉，《四川圖書館學報》第3期（1989年），頁67。

[6] 楊家駱主編：《叢書大辭典——附叢書總目類編·叢書總目類編》（臺北：鼎文書局，民國66年1月），頁45。

[7] 上海圖書館編：《中國叢書綜錄》（上海：上海古籍出版社，1982年12月），頁45。

[8] 李春光：《古籍叢書述論》（瀋陽：遼瀋書社，1991年10月），頁63。

一、從《秘冊彙函》裡的編撰者所撰的序文、〈總目〉、和可查之校勘者姓名，均只署名沈、胡二人，各書的〈題辭〉，也大多是二人撰寫。姚士粦雖偶有識語、題辭和跋尾，但並不多見。且觀姚氏所撰的內容，大多只言及他得書、搜集遺文的經過。

清錢謙益《列朝詩集小傳·丁集下·姚叟士粦》云：

> 士粦，字叔祥，海鹽人。與里人胡震亨孝轅同學，以奧博相尚，蒐討秦漢以來遺文祕簡，撰《秘冊彙函》若干卷跋尾，各為考據，具有原委。馮開之為南祭酒，較刻南北諸史，多出叔祥之手。孝轅舉鄉書，官州守，而叔祥以書生窮老。晚歲數過余，年將九十矣。劇談至分夜，不寐。兵興後，窮餓以死。叔祥有詩集四卷，孝轅論之，以為其于唐詩，能以變為復，不隨人腳跟生活。而其〈自敘〉則曰：「念樂寫境，才不副音，口憤趁聲，句必杜撰。」蓋亦有意振奇，不屑為時調者也。[9]

又清王彬修、徐士儀纂的《海鹽縣志·卷十七·人物傳三·文苑》有「姚士粦」條云：

> 姚士粦，字叔祥，庠生。與胡震亨同學，以奧博相尚，蒐羅秦漢以來遺文，撰《秘冊彙函》跋尾，各為考據，具有原委，南祭酒馮夢禎校刻，南北諸史多出其手，知縣樊維

9 〔清〕錢謙益：《列朝詩集小傳·丁集下·姚叟士粦》（臺北：世界書局，民國74年2月），頁656-657。

城聘修邑志，多所考訂，年八十餘卒。[10]

　　兩書雖均言及姚士粦蒐羅秦漢以來的遺文，撰寫《秘冊彙函》的跋尾，但沒有關於他編輯《秘冊彙函》的記載。從此點可以顯示出，他並沒有參與叢書輯刻的事宜。至於孫震卿，筆者未見他撰有任何的序文、跋語，更別遑論他參與《秘冊彙函》的輯刻。王鳴盛之說，顯然是個錯誤。

　　二、姚士粦所撰〈《於陵子》題辭〉云：

　　　　余同縣王復元，初嘗為羽流，能書，尤長於鑒別古法書、
　　　　名畫。戊戌秋日，忽持行草一卷示余曰：「此元學士鄧文
　　　　原手書《於陵子》也。」余讀之殊喜，為留一宿，飛笔錄
　　　　之。……汝納（沈士龍）與孝轅（胡震亨）共謀付梓，以
　　　　公同好，因識其所從來如此。海鹽姚士粦識。[11]

　　姚士粦撰寫的〈題辭〉，敘述了他如何得到《於陵子》這部書，以及沈士龍、胡震亨將其刊入《秘冊彙函》的過程。其中「汝納與孝轅共謀付梓」一語，證實《秘冊彙函》的輯刻者只有沈士龍和胡震亨。因為姚士粦如果是輯刻者之一，那麼必定會言及他自己，不會只提沈、胡二人。

　　三、從胡震亨《津逮秘書・題辭》亦可證實：

────────

[10] 〔清〕王彬修、徐用儀纂：《海鹽縣志》，卷十七，頁十二，總頁1745。
[11] 〔明〕姚士粦：〈《於陵子》題辭〉，見〔明〕沈士龍、胡震亨輯：《秘冊彙函・於陵子》（臺北：藝文印書館，民國55年《百部叢書集成》影印《秘冊彙函》本），題辭頁一。

> 余友虞山子晉毛君,讀書成癖,其好以書行,令人得共讀
> 亦成癖,所鐫大典冊積如山,諸稗官小說家言,亦不啻數
> 百十種,懼購者零雜難舉,欲統為一函,而余嚮所與亡友
> 沈汝納氏(沈士龍)刻諸雜書,未竟而殘于火者,近亦歸
> 之君,因并合之,名《津逮秘書》。[12]

　　胡震亨亦只言及他和故友沈士龍二人,隻字未語姚士粦和孫
震卿,可見沈、胡二人才是真正的輯刻者。

　　上述的三點,第一點只是推測。但二、三點則是強而有力的
證據,說明了《秘冊彙函》的輯刻者是沈士龍、胡震亨二人,並
不包括姚士粦、孫震卿在內。

　　從上所述,仍有問題需進一步探究:為什麼王鳴盛、孔毅會
分別認為孫震卿、姚士粦是《秘冊彙函》的輯刻者之一?想必事
出有因,不致於憑空捏造。筆者的看法是,姚士粦應該是提供書
籍來源和從旁協助校勘書籍者。從上述的〈《於陵子》題辭〉裡
就可以得知姚士粦提供《於陵子》做為刊刻的底本。又如胡震亨
〈書《齊民要術》後〉:「南還與叔祥篝燈校讀。」[13]可見姚士
粦對《秘冊彙函》的貢獻之一,在於他從旁協助校勘。

　　至於孫震卿,他也僅是校勘書籍者之一。觀《益部方物略記》
中沈士龍、胡震亨所寫的〈題辭〉,均題上「新都孫震卿校」[14],

---

[12] 〔明〕胡震亨:《津逮秘書・題辭》。見〔明〕毛晉輯:《增補津逮秘書》
　　（京都:中文出版社,1980年2月影印吉川幸次郎博士所藏本）,頁11。
[13] 〔明〕胡震亨:〈書《齊民要術》後〉。見〔明〕毛晉輯:《增補津逮
　　秘書》,頁1917。
[14] 見〔明〕沈士龍、胡震亨:〈題《益部方物略記》〉。見〔明〕沈士
　　龍、胡震亨輯:《秘冊彙函・益部方物略記》,題頁一、二。

可證孫震卿只是校勘者之一，並沒有明確的記載他是《秘冊彙函》的輯刻者。雖然姚士粦、孫震卿對《秘冊彙函》也有所貢獻，但畢竟二人並非是輯刻者，所以並不能夠將他們納入其中。

第二節　命名和刊刻時間

一、命名

「秘冊」即指罕見不易得的書籍，而將書籍彙輯就是「彙函」。因此沈士龍和胡震亨編輯這部叢書的旨意，就是希望將一些歷來罕見不容易得之的書籍彙整起來，因此命名為《秘冊彙函》。

二、刊刻時間

至於刊刻的時間，觀沈士龍、胡震亨二人撰寫的〈刻《秘冊彙函》引〉末署時「萬曆癸卯（萬曆三十一年，1603年）秋八月一日」，可知此書刊於萬曆年間。

從上文胡震亨《津逮秘書・題辭》「未竟而殘於火者」一語的敘述，可知《秘冊彙函》採取隨刻隨錄的方式，並非一次將預訂刊刻的書籍刻完，否則今日我們是無法看到此書。可惜還沒有刻完就遭逢火災，只好中途停止，將剩餘的版片售讓給毛晉，後來將其刊入《津逮秘書》中。而《秘冊彙函》所刊各書的確切時間，能夠明確指出的並不多。姚士粦撰寫的〈《於陵子》題辭〉一文中提到「戊戌秋日」，戊戌即是萬曆二十六年（1598年）。據此推測《於陵子》一書應在萬曆二十六年秋天不久之後就開始刊行。不過，像《於陵子》這樣可以大致推測出刊行時間的書籍並不多。而《於陵子》是《秘冊彙函》當中刊刻的第九種書籍，

因此推論《秘冊彙函》所著錄的書籍,大多數刊行於萬曆年間。

問題在於〈刻《秘冊彙函》引〉和王鳴盛《蛾術編》所說的萬曆三十一年癸卯（1603年）,是《秘冊彙函》最終刊刻的時間嗎?雖有這個可能,但筆者並不認同。署時的這個時間,只能代表〈刻《秘冊彙函》引〉此文撰寫的時間。如果一定是在刊刻完畢時才撰寫此文,那麼《秘冊彙函》既然採取隨刻隨錄的方式,且又在尚未刻完時發生火災,才中止刊刻的計畫,因此怎麼能確定此文一定是在終止刊刻計畫時才寫的呢?

從文獻上的記載可知,火災發生的時間並非是在萬曆三十一年癸卯（1603年）。毛晉《津逮秘書·序》云:

> 邇鹽官胡孝轅氏復以《秘冊》二十餘函相屬,惜半爐於玉林辛酉之火,予為之補亡,併合予舊刻,不啻百有餘種,皆玉珧紫綾,非尋常菽粟也。[15]

從這一段話中敘述火災發生的時間是在辛酉年間,也就是天啟元年（1621年）,顯然萬曆三十一年癸卯（1603年）並非是《秘冊彙函》最終刊刻的時間。可見〈刻《秘冊彙函》引〉撰寫之後,又過了十八年,於天啟元年辛酉（1621年）遭受祝融之災後,才中止了刊刻《秘冊彙函》的計畫。

此外,嚴一萍選輯的《百部叢書集成》第十五函《秘冊彙函》中著錄的《南唐書》一書後有〈書《南唐書》後〉一文云:

---

[15] 〔明〕毛晉:《津逮秘書·序》。見〔明〕毛晉輯:《增補津逮秘書》,頁13-14。

放翁書一十八卷，僅見于鹽官胡孝轅《祕冊函》中，又半燼于武林之火。庚午夏仲購其焚餘板一百有奇，斷蝕不能讀，因簡家藏抄本訂正附梓于《全集》逸稿之末，至若與馬元康異同繁簡，已詳見胡、沈兩公跋語云。湖南毛晉識。[16]

　　此文是嚴一萍在選輯時，將毛晉刊於別處的此文轉印至此，並非原刊於《秘冊彙函》的《南唐書》之後。文中「因簡家藏抄本訂正附梓于《全集》逸稿之末」一語，可知毛晉將原先《秘冊彙函》中的《南唐書》訂正的部分，刊於「《全集》逸稿」之末。

　　但嚴一萍選輯的《秘冊彙函》中的《南唐書》，在卷末並未附有毛晉訂正《南唐書》錯誤的部分，可證此文原不附於《秘冊彙函》的《南唐書》之後。而毛晉汲古閣的刻本中，有《陸放翁全集》，其中有《南唐書》十八卷。[17]可見〈書《南唐書》後〉一文中所說的《全集》即是指《陸放翁全集》。另外，《四庫全書總目》所附的〈提要〉云：「今其本均不可見，所行者惟毛晉汲古閣本，刻附《渭南集》後者。」[18]亦和此說相符，可以做為佐證。故筆者認為毛晉是將《秘冊彙函》本的《南唐書》刻入《陸放翁全集》中，而未入《津逮秘書》。但由於《秘冊彙函》的原本和汲古閣本的《陸放翁全集》，筆者均無法親見，所以僅能據此推測這種情形的可能性較大。

---

[16] 〔明〕毛晉：〈書《南唐書》後〉，見〔明〕沈士龍、胡震亨輯：《秘冊彙函・南唐書》，頁一。

[17] 見〔明〕毛晉：《汲古閣校刻書目》（北京：書目文獻出版社，1994年1月馮惠民、李萬健等選編《明代書目題跋叢刊》），頁二十，總頁878。

[18] 〔清〕紀昀總纂：《四庫全書總目・卷六十六・史部二十二・載記類》（石家莊：河北人民出版社，2000年3月），頁1793。

〈書《南唐書》後〉一文至少對於研究《津逮秘書》有二點
貢獻：

一、毛晉並未將《秘冊彙函》的殘版重新刊刻之後，全數刊入
《津逮秘書》之中。

二、文中提到「庚午夏仲購其焚餘板一百有奇」，可知毛晉購得
《秘冊彙函》殘版是在崇禎三年庚午（1630年）。

據上所述，可知《秘冊彙函》刊刻的時間大多是在萬曆年
間，一直到了天啟元年辛酉（1621年）發生火災時，才中止刊刻
計畫。而到了崇禎三年庚午（1630年）時，才將殘版售與毛晉。

第三節　刊刻的種類、卷數

《秘冊彙函》，顧名思義，就是把一些不易見到的書籍彙集
起來的意思，屬於「搜奇集異」的叢書。據嚴一萍選輯《百部叢
書集成》第十五函《秘冊彙函》在出版時所撰寫的〈總目〉[19]、
楊家駱主編的《叢書大辭典——附叢書總目類編‧叢書總目類
編》[20]、上海圖書館編的《中國叢書綜錄》[21]、中國古籍善本書
目編輯委員會編《中國古籍善本書目－叢部》[22]、翁連溪編校
《中國古籍善本總目－叢部》[23]的著錄，共計收書二十四種，一

---

[19] 嚴一萍：《秘冊彙函‧總目》，見〔明〕：沈士龍、胡震亨輯：《秘冊
彙函》，總目頁一一二。

[20] 楊家駱主編：《叢書大辭典——附叢書總目類編‧叢書總目類編》，頁45。

[21] 上海圖書館編：《中國叢書綜錄》，頁45。

[22] 中國古籍善本書目編輯委員會編：《中國古籍善本書目－叢部》（上
海：上海古籍出版社，1998年3月），頁223-224。

[23] 翁連溪編校：《中國古籍善本總目－叢部》（北京：線裝書局，2005年5

百四十三卷。分別是嚴遵《道德指歸論》六卷、趙爽注《周髀算經（附〈音義〉）》三卷、徐岳撰甄鸞注《數術記遺》（又名《術數記遺》）一卷、佚名《漢雜事秘辛》一卷、郭璞《山海經圖讚（附〈補遺〉）》三卷、干寶《搜神記》二十卷、託名陶潛《搜神後記》十卷、劉敬叔《異苑》十卷、陳仲子《於陵子》一卷、江淹《銅劍讚》一卷、陶景弘《靈寶真靈位業圖》一卷、陶景弘《周氏冥通記》四卷、賈思勰《齊民要術》十卷、李鼎祚《易傳》（即《周易集解》）十卷、鄭玄注王應麟輯《周易鄭康成注》一卷、胡震亨輯《易解附錄》一卷、溫大雅《大唐創業起居注》三卷、韓鄂《歲華紀麗》四卷、杜光庭《錄異記》八卷、孟元老《東京夢華錄》十卷、宋祁《益部方物略記》一卷、洪遵《泉記》十五卷、陸游《南唐書（附〈音釋〉）》十八卷、釋法顯《佛國記》一卷。

但觀沈士龍、胡震亨同訂的《秘冊彙函‧總目》卻有不同。像《周髀算經》並未附〈音義〉，只有二卷；《山海經圖讚》未將〈補遺〉卷數算入，只計二卷；《周易鄭康成注》一卷附於《易解》十卷之後，將兩書合併為一書；又未著錄胡震亨輯的〈易解附錄〉一卷，因此共計收書二十二種，一百四十卷。可惜的是，筆者無法親見《秘冊彙函》的原刻本，只能就嚴一萍所選輯的《百部叢書集成》第十五函《秘冊彙函》來推斷。這部《秘冊彙函》，其中有選輯《山海經圖讚》，前面確實附有〈補遺〉一卷，所以總共是三卷；《易解》後也確有收錄〈易解附錄〉一卷。據此推測，嚴一萍所撰寫的〈總目〉，是根據《秘冊彙函》

月），頁1949。

實際的收書情況所述。所以筆者認為，《秘冊彙函》的收書一共
是二十四種，一百四十三卷的說法，應是無疑，只是編輯者和後
來的研究者觀點不同所導致，很難斷論孰是孰非，這裡筆者尊重
編輯者的原意，將《秘冊彙函》訂為收書二十二種，一百四十
卷。另外，現今專門研究叢書的代表作之一，李春光的《古籍叢
書述論》，著錄《秘冊彙函》收書二十二種，一百四十一卷。[24]
不知何故如何著錄。由於這本書有一定的影響性，故筆者在此特
別一提。

在種類方面，收書的範圍為經、史、子三部。由於《秘冊
彙函》是隨刻隨錄的方式，所以在編排上顯得有點凌亂。以下按
經、史、子三部分來論述：

一、經部

本部計有李鼎祚《易傳》、鄭玄注王應麟編《周易鄭康成
注》、胡震亨輯《易解附錄》三部。可以看出，所選刻關於經部
的書籍，都是屬於「易類」。這可能是因為《秘冊彙函》在計劃
刊刻經部書籍之時，打算按照古文經學家的排列方式，從《周
易》的書籍開始刊刻，但因後遭祝融之災，取消叢書刊行，以致
今日《秘冊彙函》中只見這三部和《周易》有關的書籍，並非是
沈士龍、胡震亨兩人對《周易》情有獨鍾的緣故。

這三本書籍，只要細察就可以發現，它們都是屬於彙集、輯
佚方面的書籍。李鼎祚的《易解》，就是大家耳熟能詳的《周易
集解》，這部書可說是彙集各家對於《周易》解釋最完善臻備的

---

[24] 李春光：《古籍叢書述論》，頁63。

著作，是研究《周易》必備而不可或缺的參考書目。其中也保存了很多珍貴而罕見的資料。《四庫全書總目》所附的〈提要〉稱讚說：「蓋王學既盛，漢《易》遂亡，千百年後學者，得考見畫卦之本旨者，惟賴此書之存耳。是真可寶之古笈也。」[25]

鄭玄的注，留傳至今的，只有《詩箋》和三禮的注，其他的都亡佚，偶見於他人著作中。宋代的王應麟將能見於其他書中的鄭玄《周易》注，編成《周易鄭康成注》。《四庫全書總目》所附的〈提要〉云：「應麟能於散佚之餘，搜羅放失，以存《漢》易之一線，可謂篤志遺經，研心古義者矣。」[26]對於研究《周易》、鄭玄、漢代的思想，都有所裨益。

胡震亨輯的《易解附錄》，據書後姚士粦所撰的〈《易解附錄》後語〉一文：

> 孝轅搜拾《鄭注》不見《易解》者，為《附錄》一卷，大都一準王氏集本意。[27]

胡震亨是因為見李鼎祚的《周易集解》中，有些鄭玄的注解並沒有收錄，所以才編撰此書，體例則依循王應麟的《周易鄭康成注》。可見這部書的產生，受到《周易集解》和《周易鄭康成注》的影響很大。經部「易類」收錄這三部著作，是有密切的關聯。

---

[25] 〔清〕紀昀總纂：《四庫全書總目・卷一・經部一・易類一》，頁58。
[26] 〔清〕紀昀總纂：《四庫全書總目・卷一・經部一・易類一》，頁52。
[27] 〔明〕姚士粦：〈《易解附錄》後語〉。見〔明〕沈士龍、胡震亨輯：《秘冊彙函・易解附錄》，後語頁一。

二、史部

　　本部計有溫大雅《大唐創業起居注》（編年類）、孟元老《東京夢華錄》（地理類）、宋祁《益部方物略記》（地理類）、陸游《南唐書》（載記類）、釋法顯《佛國記》（地理類）五部書籍。

　　其中不乏價值性高的書籍，例如陸游的《南唐書》，《四庫全書總目》所附的〈提要〉云：

> 宋初撰錄南唐事者凡六家，大抵簡略。其後撰《南唐書》者三家，胡恢、馬令及游也。恢書傳本甚稀。……惟馬令書與游書盛傳，而游書尤簡核有法。……讀其書者，取其敘述之簡潔可也。[28]

　　該書最大的優點在於「簡核有法」。此外，所著的內容很多是馬令《南唐書》所無，彼此可以相互補充，為研究五代十國重要的史書。

　　又孟元老的《東京夢華錄》，《四庫全書總目》所附的〈提要〉云：

> 宋孟元老撰。元老始末未詳。蓋北宋舊人，於南渡之後，追憶汴京繁盛，而作此書也。自都城、坊市、節序、風俗及當時典禮、儀衛，靡不賅載。雖不過識小之流，而朝章

---

[28] 〔清〕紀昀總纂：《四庫全書總目・卷六十六・史部二十二・載記類》，頁1792-1793。

國制，頗錯出其間。核其所紀，與《宋志》頗有異同。[29]

　　書中記載北宋都城汴京的面貌、物產、歲時、風土、習俗，反映了當時城市的經濟和市民文化的生活情況。另外，書中關於宋代典章制度、講唱文學的敘述，也有很高的文獻價值，其中典章制度可以補正史的不足。

三、子部

　　子部是《秘冊彙函》收錄最多的一部，計有嚴遵《道德指歸論》、趙爽注《周髀算經》、徐岳撰甄鸞注《數術記遺》、佚名《漢雜事秘辛》、郭璞《山海經圖讚》、干寶《搜神記》、偽託陶潛《搜神後記》、劉叔敬《異苑》、陳仲子《於陵子》、江淹《銅劍讚》、陶景弘《靈寶真靈位業圖》、陶景弘《周氏冥通記》、賈思勰《齊民要術》、韓鄂《歲華紀麗》、杜光庭《錄異記》、洪遵《泉志》等十六部書籍。

　　其中《道德指歸論》屬於道家類；《靈寶真靈位業圖》屬於道教類；《周髀算經》、《數術記遺》屬於算法類；《歲華紀麗》屬於時令類的類書；《銅劍讚》和《泉志》屬於譜錄類；《於陵子》屬於雜家類；《齊民要術》屬於農家類。其餘的《漢雜事秘辛》、《山海經圖讚》、《搜神記》、《搜神後記》、《異苑》、《周氏通冥記》、《錄異記》七部書籍，皆屬於小說類。

　　這七部小說家類的書籍，都是屬於神異、志怪的小說，可見《秘冊彙函》非常著重這類的小說，尤其是《搜神記》、《搜

神後記》更具有代表性,其中記錄了許多有意義的鬼神故事和民間傳說,例如《搜神記》的〈干將莫邪〉、〈韓憑夫婦〉、〈倩女還魂〉、〈董永〉;《搜神後記》裡的〈白水素女〉、〈丁令威〉。有的後來成為典故,其中亦不乏有漢魏六朝人物的軼聞事跡,是研究我國早期小說的重要文獻資料。

另外,賈思勰的《齊民要術》是農家類很重要的一部著作,書中所論涉及農作物栽培、耕作技術、農具、牧畜、獸醫、食物加工、蔬菜、果樹、茶竹等方面,對於研究中國古代農業科技有很大的幫助。

韓鄂《歲華紀麗》是時令類的類書,摘錄和歲時節令相關的事項,有益於天文曆法和農事。

洪遵的《泉志》,《四庫全書總目》所附的〈提要〉云:「是書彙集歷代錢圖,分為九品,自皇王偏霸以及荒外之國,凡有文字可紀、形象可繪者,莫不畢載,頗為詳博。」[30]詳細彙集了歷代以來的貨幣,將之分為九品,繪有圖形,附有說明,有益於瞭解我國古代貨幣的發展。

第四節　編排、版式、行款

《秘冊彙函》在編排上,由於是採取隨刻隨錄的方式,所以顯得有些混亂,它並非按照經、史、子的順序刊刻。依照它現今的順序來看,大致上是先子部,次經部,史部又次之。

它的版式行款,每半頁九行,每行十八字,左右雙欄,白魚

---

[30] 〔清〕紀昀總纂:《四庫全書總目·卷一百十六·子部二十六·譜錄類存目》,頁3001。

尾，白口，版心中刻書名、卷數及頁數。例如：嚴遵的《道德指歸論》第三卷第六頁，即在版心中間刻「《道德指歸論》卷三　　六」。

　　每書每卷的首行頂格，題書名、卷數。有的不題卷數，以序號排列。首卷次行先題撰者的朝代、姓名，下方題校訂者朝代、姓名。如《錄異記》第一卷，首行題「《錄異記》卷之一」，次行題「蜀杜光庭撰　　明沈士龍、胡震亨同校」；《南唐書》卷一，首行題「〈烈祖本紀〉第一　　《南唐書》一」，次行題「宋陸游撰　　明沈士龍、胡震亨同校」。

　　至於卷末，則是在每卷末題上書名和該卷卷數，表示該卷結束，然後在該書最終卷題上書名和「總卷數終」的字樣，表示書籍已經完畢。如嚴遵的《道德指歸論》一共有六卷，在一卷末末行題「《道德指歸論》卷之一」；在二卷末末行題「《道德指歸論》卷之二」……，到了最終卷，六卷末末行題「《道德指歸論》卷之六終」。

　　雖是如此，但卻有漏刻之處。如《於陵子》一卷，在卷末並未刻有「《於陵子》卷一終」的字樣。其他像《周氏冥通記》卷一、《易解附錄》、《錄異記》卷二、《益部方物記略》、《南唐書》的〈本紀一〉、〈本紀二〉、〈本紀三〉、〈列傳三〉、〈列傳四〉、〈列傳五〉、〈列傳九〉、〈列傳十〉、〈列傳十四〉，也都漏刻，很可能是刊刻校對時疏忽所致，造成在體例上的不完整。

　　若是該書是編撰者所自輯，則又不同。胡震亨所輯的《周易附解》，首行僅題書名「《易解附錄》」，可能是該書不分卷的關係，所以未題卷數，次行題「漢鄭　玄康成　注」，三行題

「明胡震亨孝轅輯」。很可能是胡震亨在編輯的過程中,已留心過校勘的事宜,故不再特別聲明。

《秘冊彙函》也有對他人校勘之後而重校者。此時先將原校者列於前,重校者列於後。例如《靈寶真靈位業圖》,次行題「唐天台妙有大師玄同先生賜紫閣丘方遠校定」,三行題「明沈士龍、胡震亨 重校。」

全書的最前面,有胡震亨撰的〈刻《秘冊彙函》引〉,之後有沈士龍、胡震亨同訂的〈《秘冊彙函》總目〉。在選錄的每一書籍,如該書有序文,大多放在最前面,如有兩篇以上,中間偶爾插置編撰者寫的題辭、識語。原則上是先序文,再題辭、識語。其次是該書〈總目〉或〈目錄〉,接著即該書的正文,若有附錄,則放在正文或〈總目〉、〈目錄〉前面,這點是和其他叢書在編排方式上最大的不同。如有跋語、後語,則置於末,原書跋語、後語在先,編撰者跋語、後語在後。但並非每一書都具備上述所說這幾種。筆者以《道德指歸論》、《漢雜事秘辛》、《山海經圖讚》、《歲華紀麗》、《南唐書》五為例。

一、《道德指歸論》:該書有劉鳳撰寫的〈嚴君平《道德指歸》序〉,即放至最先。其次是沈士龍、胡震亨的〈題《道德指歸》〉,之後又有一篇谷神子的〈嚴君平《道德指歸論》序〉,接著才是全書的正文,一共有六卷。

二、《漢雜事秘辛》:前有胡震亨撰寫的〈《漢雜事秘辛》題辭〉,後接正文,末有繡水包衡彥平的識語、沈士龍跋語、胡震亨後語。

三、《山海經圖讚》:前有胡震亨〈題《山海經圖讚》〉、沈士龍識語,接著是《山海經圖讚補遺》、《山海經圖讚》正文。

四、《歲華紀麗》：順序為〈《歲華紀麗》序〉、沈士龍識語、
胡震亨識語、〈《歲華紀麗》總目〉、正文。

五、《南唐書》：前有沈士龍〈《南唐書》題辭〉，接著是《南
唐書音釋》、〈《南唐書》目錄〉、正文。

　　筆者認為，《秘冊彙函》不僅在書籍分類上的編排次序有些
混亂，連每一部書中的編排方式都未統一。還有在每卷卷尾的漏
刻，造成體例上的不完整，這些都可以說是《秘冊彙函》的失當
之處。不知是編撰者在編撰時的疏忽所致，抑或是所採用的底本
即是如此，為了遵古而不妄變動，就不得而知了。

第五節　《秘冊彙函》的版本和現藏概況

　　《秘冊彙函》的版本，最早是明萬曆年間刻本，其次為清
宣統三年（1911年）上海大通書局石印本。這兩個版本的現藏情
形，敘述如下：

　　中國大陸地區的收藏情形，《中國古叢善本書目－叢部》著
錄全帙的「明萬曆年間刻本」僅有山東省圖書館藏有完本。上海
圖書館、天津圖書館則藏有殘本。[31]《中國叢書綜錄》記載明萬
曆年間的刻本，計有北京圖書館（今大陸地區的國家圖書館）、
天津市人民圖書館、南京大學圖書館、四川大學圖書館四處收藏
有全本，上海圖書館則藏有殘本。而清宣統三年（1911年）上海
大通書局石印本則有首都圖書館、北京師範大學圖書館、上海圖
書館、復旦大學圖書館、華東師範大學圖書館、上海辭書出版社

---

[31] 中國古籍善本書目編輯委員會編：《中國古籍善本書目－叢部》，頁739。

圖書館、遼寧省圖書館、甘肅省圖書館、青島市圖書館、南京大學圖書館、杭州大學圖書館、廣東省中山圖書館、四川省圖書館、重慶市圖書館、四川大學圖書館、青海省圖書館、中央民族學院圖書館十七個地方藏有全本。[32]《中國古籍總目》記載上海圖書館、天津圖書館、山東省圖書館藏有「明萬曆間刻本」。[33]

至於臺灣地區則無上述二種版本的收藏。

現今使用性最高的叢書為嚴一萍選輯的《百部叢書集成》，其中的第十五部即為《秘冊彙函》，民國五十五年出版。但由於收錄的原則，是將重覆的書籍僅擇最早或最佳版本著錄，故此套叢書中的《秘冊彙函》並非全本。

第六節　特色、價值和缺失

一、特色、價值

《秘冊彙函》是「搜奇集異」的叢書，所以最主要的特色、價值，在於它保存了許多具有研究價值而罕見的書籍。尤其是〈子部‧小說家類〉的神異、志怪小說。這些書籍，像《漢雜事秘辛》、《錄異記》，《四庫全書》只收錄在「小說家類存目」。另外，《於陵子》、《銅劍譜》、《歲華紀麗》、《泉志》諸書，《四庫全書》也未著錄，只有存目；而陶景弘的兩部著作－《靈寶真靈位業圖》和《周氏冥通記》，更是完全不取錄。對於保存典籍文獻有相當大的貢獻。

---

[32] 上海圖書館編：《中國叢書綜錄》，頁960-961。

[33] 中國古籍總目編纂委員會編：《中國古籍總目‧叢書部》（北京：中華書局、上海：上海古籍出版社，2009年10月），頁176。

　　在校勘方面，編撰者二人對於書籍已有了初步的校訂，這也是它的特色之一。如前面所說，在每一部書的首卷首頁次行，有校訂者的姓名。比如《歲華紀麗》一書，胡震亨《歲華紀麗‧識語》云：

> 吾鹽藏書推鄭簡公家最多，其孫蓋伯，名忠材，博雅能讀祖書。余借觀其書錄，有《歲華紀麗》，目所未睹，從宋刻抄得，爛去末卷二紙，又差訛特甚，蓋伯命余從原本校正，凡改易增減千三百字，汝納及友人姚孟承又改五百許字，然後可讀。[34]

　　得知胡、沈、姚一共校改了一千八百多字。遂使原來不忍卒讀的《歲華紀麗》通暢了許多。從事校勘可說是《秘冊彙函》的特色之一。

　　每書之後的後語、跋語，對於書籍的作者、版本、內容上作了考證、分析和增補。例如：胡震亨在〈《異苑》題辭〉中說：「考《南史》、《宋書》，通無劉叔敬傳，因彙其事之散在史書者為小傳，俾讀者有考焉。」[35]胡震亨在廣收有關劉叔敬的資料，補成〈劉叔敬傳〉，頗有可取之處。又胡震亨在〈書《佛國記》後〉云：「此書舊名《法顯傳》，據宋僧跋語當名《佛國記》。《隋志》：《佛國記》記一卷，自在〈地理部〉，跋語定

---

[34] 〔明〕胡震亨：〈《歲華紀麗》識語〉。見〔明〕沈士龍、胡震亨輯：《秘冊彙函‧歲華紀麗》，識語頁一。

[35] 〔明〕胡震亨：〈《異苑》題辭〉。見〔明〕毛晉輯：《增補津逮秘書》，頁6591。

不足憑，但《法顯傳》原有兩種，其一種二卷者已亡，其一種止一卷，則今書是也。」[36]指出《佛國記》本名當作《法顯傳》。但這個說法，並非受到大家的認同與肯定。如《四庫全書總目》中所附的〈提要〉即抱著否定的態度：

> 胡震亨刻入《秘冊函》中，從舊題曰《佛國紀》。而震亨附跋則以為當名《法顯傳》。今考酈道元《水經注》引此書，所云「於此順嶺西南行十五日」以下八十九字，又引「恆水上流有一國」以下二百七十六字，皆稱曰《法顯傳》，則震亨之說似為有據。然《隋志‧雜傳類》中載《法顯傳》二卷，《法顯行傳》一卷，不著撰人，〈地理類〉載《佛國記》一卷，注曰沙門釋法顯撰。一書兩收，三名互見，則亦不必定改《法顯傳》也。[37]

雖然〈提要〉認為毛晉此說不妥，但筆者認為，毛晉仍提出了自己的見解，提供學者對此問題有新的研究方向和思考路徑，實有開創之功，並非全無貢獻。

至於版本，除了尋求最佳之本外，如遇有缺卷，也必找善本補足。例如胡震亨〈書《齊民要術》後〉云：

> 友人姚叔祥語余，嘗見胡元瑞藏書目，六朝以上無他秘

---

[36] 〔明〕胡震亨：〈書《佛國記》後〉。見〔明〕毛晉輯：《增補津逮秘書》，頁6063。

[37] 〔清〕紀昀總纂：《四庫全書總目‧卷七十一‧史部二十七‧地理類四》，頁1909。

書，獨《齊民要術》，僕所未聞耳。戊戌計偕入都，獲之
燈市。……南還與叔祥篝燈校讀，至第二卷二幅，原本脫
去，重刻別卷補入，參錯難解，幾欲廢去。更從吳中趙玄
度假得善本足之，兩人跌足稱快竟讀也。[38]

胡震亨從燈市之處購得一秘本《齊民要術》，當缺二卷二
幅，用他本補之，參差錯亂，令人無法卒讀。後從吳中趙玄度處
得善本補足，文字順暢，遂使人稱快竟讀。

又因為《秘冊彙函》的版片後歸毛晉，所以《秘冊彙函》
所收之書，很多又收入在《津逮秘書》之中，除此之外，《四庫
全書總目》裡所附的〈提要〉，有很多都提及和引用沈士龍、胡
震亨的題辭和跋語，做為評論判斷的依據。例如：《於陵子》：
「王士禎《居易錄》曰：『萬曆間學士，多撰偽書以欺世，如
《天祿閣外史》之類，人多知之。』今類書中所刻唐韓鄂《歲華
紀麗》，乃海鹽胡震亨孝轅所造。《於陵子》，其友姚士粦叔祥
作也。……惟沈士龍一跋，引揚雄《方言》所載〈齊語〉及《竹
書紀年》、《戰國策》、《列女傳》所載沃丁殺伊尹，齊、楚戰
重邱，及楚王聘仲子為相事，證為古書，其說頗巧。然摭此四書
以作偽，而又援此四書以證非偽，此正朱子所謂採〈天問〉作
《淮南子》，又採《淮南子》註〈天問〉者也。士龍與士粦友
善，是蓋同作偽者耳。」[39]《錄異記》：「卷首沈士龍〈題辭〉

[38] 〔明〕胡震亨：〈書《齊民要術》後〉。見〔明〕毛晉輯：《增補津逮
秘書》，頁1917。
[39] 〔清〕紀昀總纂：《四庫全書總目‧卷一百二十四‧子部三十四‧雜家
類存目一》，頁3185。

謂光庭以方術事蜀孟昶,故成此書以取悅。」[40]《搜神後記》:
「明沈士龍〈跋〉,謂潛卒於元嘉四年,而此有十四、十六兩年
事。陶集多不稱年號,以干支代之,而此書題永初、元嘉,其為
偽托,固不待辨。然其書文詞古雅,非唐以後人所能。」[41]《歲
華紀麗》:「此本為胡震亨《秘冊函》中所刻,毛晉收其殘版,
以入《津逮秘書》者。震亨〈跋〉稱得之鄭曉家,王士禎《居易
錄》以為即震亨偽造。」[42]這些都是《秘冊彙函》這部叢書的價
值與特色。

二、缺失

　　《秘冊彙函》也有它的不足之處。除了上述所說的在書籍
分類的編排次序、書中編排方式未統一、卷末漏刻三項在形式上
的缺失之外,最大的問題是在書籍內容上,收錄的並非足本。例
如:王應麟編輯的《周易鄭康成注》,《秘冊彙函》收錄一卷,
《四庫全書》所收的也是一卷,並註明說是通行本。但《湖海樓
叢書》本所收的有十三卷,兩者之間竟有十二卷的差距,《秘冊
彙函》的版本刪削明顯嚴重。李鼎祚的《易解》,也就是《周易
集解》,《秘冊彙函》本只有十卷,但《津逮秘書》、《學津討
原》、《四庫全書》所收錄的,都是十七卷本,相差了七卷。釋
法顯撰的《佛國記》,《秘冊彙函》收錄一卷,《津逮秘書》、

---

[40]〔清〕紀昀總纂:《四庫全書總目・卷一百四十四・子部五十四・小說
　　家類存目二》,頁3692。

[41]〔清〕紀昀總纂:《四庫全書總目・卷一百四十二・子部五十二・小說
　　家類三》,頁3631。

[42]〔清〕紀昀總纂:《四庫全書總目・卷一百三十七・子部四十七・類書
　　類存目一》,頁3487-3488。

《漢魏叢書》、《唐宋叢書、《學津討原》也都收錄此書,但都不及《稗乘》的二卷本。

它的版片因年久失修,以致後來在刊刻時版面漫漶。像《周髀算經》、《數術記遺》、《周易集解》、《大唐創業起居注》、《東京夢華錄》、《泉志》諸書,均不及後來張海鵬《學津討原》校刻清晰。另外,雖然書籍有經過初步的校訂,但並非完臻,不及其他的版本。《搜神記》、《搜神後記》、《異苑》的校訂不如《學津討原》,《齊民要術》的校訂比不上《漸西村舍叢刊》,這些都是《秘冊彙函》在內容上的不足之處。

第七節　後人對《秘冊彙函》的評價

後人對於《秘冊彙函》的評價不多。例如:李春光《古籍叢書述論》云:「多是當時世所罕見而又有學術價值的書。內容主要包括小說、筆記、歷史、地理、游記、算學、農學等方面。」[43]、「《叢書集成》[44]所收的一些書也有的以《秘冊彙函》本為底本進行排印或影印。可見這部叢書之為後來所重,并有其不可忽視的版本價值。」[45]大多止於說它是搜奇集異而又有

---

[43] 李春光:《古籍叢書述論》,頁63。

[44] 筆者按:李春光所指的《叢書集成》,據筆者所知,就有五套:一、嚴一萍選輯、臺北藝文印書館出版的《百部叢書集成》。二、臺北新文豐出版社出版的《叢書集成新編》。三、臺北新文豐出版社出版的《叢書集成續編》。四、臺北新文豐出版社出版的《叢書集成三編》。五、北京中華書局出版的《叢書集成初編》。不知其所說是為何套,或不在筆者所述之內,亦有可能。

[45] 李春光:《古籍叢書述論》,頁64。

學術價值的叢書，同時也是現代叢書刊刻時所使用的底本。這些
都是說它好的一面。

但事實上，它也有缺失，在這一方面，可能是研究者大多秉
持著隱惡揚善的觀念而未多提及，筆者認為這是不妥的。我們也
應當指出，它在編排方面的疏漏、所收書籍有些非足本、內容上
的校勘不當等缺點。

儘管如此，《秘冊彙函》雖然在某些地方有不足之處，但
《津逮秘書》、《學津討原》這二部叢書，都可以說是在它的基
礎上增補擴充完成的。由於後出轉精的緣故，後來刊刻的必定優
於前者，但是我們也不能一筆抹煞《秘冊彙函》篳路籃縷的開創
之功。總體而論，我們是給予正面的評價。

第二章　《津逮秘書》研究

　　胡震亨將《秘冊彙函》未遭受火厄的版片轉售給毛晉，毛晉在其基礎上，再增加其他的書籍，輯刻成《津逮秘書》這一套叢書。

第一節　輯刻者：毛晉

　　《津逮秘書》的輯刻者是毛晉。毛晉的生平事跡，《清史列傳・卷七十一・文苑傳二・毛晉》云：

　　　　毛晉，原名鳳苞，字子九，後改名晉，字子晉，號潛在，江蘇常熟人。明諸生，以布衣自處。父清以孝弟力田起家。楊漣宰常熟時，擇縣中有幹識者十人，每有大役，倚以集事，清其首也。晉奮起為儒，好古博覽，構汲古閣、目耕樓，藏書數萬卷，延名士校勘，刻《十三經》、《十七史》、古今百家、及從未梓行之書，天下購善本書者，必望走隱湖。毛氏所用紙，歲從江西特造，厚者曰「毛邊」，薄者曰「毛太」，至今猶沿其名。晉為人孝友恭謹，與人交有終始，好施予。遇歲歉，載米徧給貧家。水鄉橋梁，往往獨力成之。推官雷某贈詩曰：「行野漁樵皆謝賑，入門僮僕盡鈔書。」蓋紀實也。所著有《和古今人詩》、《野外詩題跋》、《虞鄉雜記》、《隱湖

小志》、《海虞古今文苑》、《毛詩名物考》、《宋詞選》、《明詩紀事》、《詞苑英華》、《僧弘秀集》、《隱秀集》、《汲古閣書目》，共數百卷。其所藏秘籍，以宋本、元本橢圓印別之，又以甲字印鈐於首，其餘藏印，用姓名及「汲古」字者以十數，別有印曰「子孫永寶」，曰「子孫世昌」，曰「在在處處有神物護持」，曰「開卷一樂」，曰「筆研精良人生一樂」，曰「菉溪」，曰「弦歌草堂」，曰「仲雍故國人家」，曰「汲古得修綆」。子五，俱先晉卒。

季子扆，字季斧，陸貽典壻也。最知名，尤耽校讐，有「海虞毛扆手校」，及「西河汲古後人」、「叔鄭後裔」朱記者皆是也。兼精小學，何焯輩並推重之。

孫綏萬，字嘉年，工詩。著有《破崖詩棄》。[1]

又滎陽悔道人撰〈汲古閣主人小傳〉云：

毛晉，原名鳳苞，字子晉，常熟縣人。世居迎春門外之七星橋。父清以孝弟力田起家，當楊忠愍公漣為常熟令時，察知邑中有幹識者十人，遇有災荒工務，倚以集事，清其首也。晉少為諸生，蕭太常伯玉特賞之，晚乃謝去。以字行，性嗜卷軸，榜於門曰：「有以宋槧本至者，門內主人計葉酬錢，每葉出二佰。有以舊抄本至者，每葉出四十。

---

[1] 〔清〕清國史館原編：《清史列傳‧卷七十一‧文苑傳二》（北京：中華書局，1987年11月），頁5791-5792。

有以時下善本至者，別家出一千，主人出一千二佰。」
於是湖州書舶雲集於七星橋毛氏之門矣。邑中為之諺曰：
「三百六十行，生意不如鬻書於毛氏。」前後積至八萬四
千冊，搆汲古閣、目耕樓以度之。子晉患經史子集率漫漶
無善本，乃刻《十三經》、《十七史》、古今百家及二氏
書，至今學者寶之。方汲古閣之炳峙於七星橋也；南去十
里為唐市，楊彝鳳基樓在焉；東去二十里為白茆市，某公
紅豆莊在焉。是時海內勝流至常熟者，無不以三處為歸。
江干車馬，時時不絕，而應接賓客如恐不及，汲古主人為
最。尤好行善，水道橋梁，多獨力成之。歲饑，則連舟載
米分給附近貧家，雷司理贈詩云：「行野田夫皆謝賑，入
門僮僕盡抄書。」蓋紀實也。子晉生前明萬曆二十七年己
亥歲之正月五日，至　本朝順治十六年己亥歲七月二十七
日卒，享年六十有一。葬於戈莊之祖塋。生五子，襄、
褒、袞、表、扆。扆字斧季，精於小學，最知名。[2]

錢大成《毛子晉年譜稿》云：

先生，姓毛氏，原名鳳苞，字子九，改名晉，字子晉，別
號潛在。弱冠之前字東美，晚號隱湖，別署汲古閣主人，
篤素居士。[3]

---

[2]〔清〕滎陽悔道人：〈汲古閣主人小傳〉。見〔明〕毛晉：《汲古閣校
刻書目》（北京：書目文獻出版社，1994年1月馮惠民、李萬健等選編
《明代書目題跋叢刊》），頁867。
[3] 錢大成：〈毛子晉年譜稿〉，見〔明〕毛晉：《增補津逮秘書》（京

　　毛晉,原名鳳苞,字子九,後改名晉,字子晉,號潛在,二十歲之前字東美,晚號隱湖,別署汲古閣主人、篤素居士。生於明萬曆二十七年己亥(1599年)正月五日,卒於清順治十六年己亥(1659年)七月二十七日,年六十一歲。江蘇常熟人,世居迎春門外七星橋。生平好古博覽,喜嗜藏書,共有八萬四千冊,庋於汲古閣、目耕樓。為了搜集宋元善本,他不惜出高價收購,使得書商雲集於七星橋毛氏之門。曾刊刻《十三經》、《十七史》、古今百家諸書。刊刻所用的紙是從江西特製,厚的稱「毛邊紙」,薄的稱「毛太紙」。著有《和古今人詩》、《毛詩名物考》、《明詩紀事》、《詞苑英華》、《汲古閣書目》等數百卷。藏書印有數枚,以橢圓印鈐宋本、元本,前面又鈐有甲字印。其餘藏印,有印曰「子孫永寶」、曰「子孫世昌」、曰「開卷一樂」、曰「汲古得修綆」。有子毛襄、毛褒、毛袞、毛表、毛扆五人,都比毛晉還要早過世。如要知曉毛晉詳細的生平事蹟,可詳見錢大成所撰的《毛子晉年譜稿》。

　　關於《津逮秘書》的輯刻者,有研究者認為是毛晉和胡震亨二人同刊。孔毅〈汲古閣刻本《津逮秘書》雜考〉一文云:

> 近出《浙江藏書家藏書樓》、上海古籍出版社《唐音癸籤》前周本淳〈序〉卻說《秘冊彙函》、《津逮秘書》均出胡、毛同刊,按二書之意,胡、毛初刊《秘冊》,後若干年,胡助毛刊《津逮》,而以前燒剩板片并入,誤。[4]

　　都:中文出版社,1980年2月影印吉川幸次郎博士所藏本),頁1。

[4] 孔毅:〈汲古閣刻本《津逮秘書》雜考〉,《四川圖書館學報》第3期(1989年),頁67。

從此文透露出來的訊息，得知顧志興所著《浙江藏書家藏書樓》和上海古籍出版社出版的《唐音癸籤》前周本淳撰寫的〈序〉，均認為《秘冊彙函》、《津逮秘書》是胡、毛二人共同輯刻。

《浙江藏書家藏書樓》一書的說法，筆者認為是孔毅誤解了該書作者顧志興的觀點。觀該書原文云：

> 《秘冊彙函》是一部叢書，[5]為胡震亨所編刻。後來江蘇著名藏書家汲古閣主人毛晉所刻的卷帙浩繁，多收宋以前秘籍的《津逮秘書》，即是毛晉取《秘冊彙函》的殘版增訂而成的。毛晉的汲古閣以刻書著稱天下，多得胡震亨的助益。[6]

觀顧氏原意，是說毛晉輯刻《津逮秘書》，受到胡震亨諸多的幫助。這點從上一章所引《海鹽縣志》中〈胡震亨傳〉就可以明白，毛晉汲古閣之書多由胡震亨編定，顧氏所述有據，並非空言。所以筆者認為是孔毅誤解了顧志興的說法而導致錯誤的產生。

再觀《津逮秘書》中所著錄的書籍，有很多是題「明胡震亨、毛晉同訂」，證實胡震亨對於《津逮秘書》有校訂之功。連原先《秘冊彙函》本中題「明沈士龍、胡震亨同校」處，也都括去重刻「明胡震亨、毛晉同訂」，表明了《秘冊彙函》本的書籍收入《津逮秘書》時，又再一次地詳加校勘，可見在這一方面毛

---

[5]　原書誤為「《秘冊彙函》是一部類書」，今更之。
[6]　顧志興：《浙江藏書家藏書樓》（杭州：浙江人民出版社，1990年2月），頁129。

晉和胡震亨二人所下的用心和功夫。但儘管如此,胡震亨最多也
是一個從旁協助編定和校勘者,並非和毛晉一樣同是輯刻者。

孔毅所云上海古籍出版社所出的《唐音癸籤》前面周本淳的
〈序〉,實際上是〈前言〉。其云:

> 他(指胡震亨)和明末大藏書家、刻書家汲古閣主人毛晉
> 又是極好的朋友,他刻的《秘冊彙函》就是和毛晉一同校
> 刊的。《海鹽縣志》說:「凡海虞毛氏書,多震亨所編定
> 也。」證之以《津逮秘書》、《宋六十家名詞》等汲古閣
> 很多大部頭書,都有胡震亨的題跋,《海鹽縣志》的話是
> 可信的。[7]

周氏主張:一、《秘冊彙函》為胡、毛二人共同校刊。此
觀點於後再詳細論之。二、《海鹽縣志》的說法是可信的,認為
毛晉所刻之書多由胡震亨編定。文中雖容易讓人誤以為《津逮秘
書》是胡、毛晉兩人一起校刊,但嚴格論之,也只說到胡氏為
《津逮秘書》撰寫題跋,並沒有明言《津逮秘書》是胡震亨和毛
晉同刊。因為撰寫題跋和共同編定書籍是兩回事,必須區分清
楚,不能混為一談。

據此筆者認為,這也是孔毅過度曲解文意所產生的錯誤。在
上一章中,筆者已詳論《秘冊彙函》的輯刻者並未包括姚士粦和
孫震卿,現又證實《津逮秘書》是毛晉個人獨自輯刻,胡震亨只

---

[7] 周本淳:《唐音癸籤・前言》,見〔明〕胡震亨:《唐音癸籤》(上
海:上海古籍出版社,1981年5月),前言頁7。

是從旁協助而已。接下來要探討毛晉是否也是《秘冊彙函》輯刻者晉的問題。

　　觀顧志興《浙江藏書家藏書樓》和周本淳《唐音癸籤‧前言》所述，只有後者認為《秘冊彙函》是胡震亨和毛晉共同校刊。孔毅雖在〈汲古閣刻本《津逮秘書》雜考〉一文中的理解有誤，但他認為胡、毛並未共同刊刻《秘冊彙函》的觀點是正確的。

　　只是孔氏的舉例，並不能當作論證的依據。他說：姚士粦〈《於陵子》題辭〉中署時是萬曆二十六年，而毛晉生於萬曆二十七年，顯然《於陵子》刊刻的時侯，毛晉尚未出世。王鳴盛《蛾術篇‧卷十四‧合刻叢書》條有云「萬曆癸卯」，即萬曆三十一年（1603年），此時毛晉尚只有四歲，仍不可能參加《秘冊彙函》的刊刻。[8]

　　孔毅的說法，似乎很有道理，其實並不然。〈《於陵子》題辭〉中的署時，只能證實毛晉不可能參與《於陵子》一書的刊刻，王鳴盛《蛾術編》所記，和〈刻《秘冊彙函》引〉所記時間一樣，同為萬曆三十一年癸卯（1603年），這並非是《秘冊彙函》最後刊行的時間，不能據此確定毛晉日後並未參與《秘冊彙函》的刊刻。所以這兩點並不能做為將毛晉摒除在《秘冊彙函》輯刻者之外的證據。

　　從胡震亨在《津逮秘書‧題辭》的自述可知，《秘冊彙函》是他和已故友人沈士龍所輯刻，並未包括毛晉。毛晉和《秘冊彙函》的關係，僅在於崇禎三年，毛晉三十二歲時，向胡震亨購買

---

[8]　詳見孔毅：〈汲古閣刻本《津逮秘書》雜考〉，頁67。

《秘冊彙函》的殘版。毛晉當是在此時開始著手進行《津逮秘書》的刊行,而胡震亨又幫助毛晉從事編定、校訂的工作,再加上兩人又是好友的關係,才會讓有些人誤為《秘冊彙函》是胡、毛二人先同刊,之後胡又助毛同刊《津逮秘書》的說法。

第二節　命名和刊刻時間

一、命名

《津逮秘書》的命名,胡震亨〈題辭〉云:

> 而余嚮所與亡友沈汝納氏(沈士龍)刻諸雜書,未竟而殘於火者,近亦歸之君,因并合之,名《津逮秘書》。以行酈氏(酈道元)之經(《水經注》)云:積石之石室有積卷焉,世士罕津逮者,今而後問津不遠,當不怪入其窟披其簡者之為唐迷矣。[9]

「津逮」一名取自於酈道元的《水經注》,原意是「由津渡而到達」,亦有「比喻通過一定的途徑而達到或得到」與「引導後學」之意。收書的性質,多屬於罕見之書籍,是為「秘書」,故命名為《津逮秘書》。

二、刊刻時間

《津逮秘書》刊刻的時間,文獻記載有二:。一是王鳴盛

---

[9] 〔明〕胡震亨:《津逮秘書‧題辭》。見〔明〕毛晉輯:《增補津逮秘書》,頁11。

《蛾術編・卷十四・合刻叢書》：「《津逮秘書》刻成於崇正庚午。」[10]崇正庚年即崇禎三年（1630年）。二是法式善《陶廬雜識・卷四・毛氏汲古閣《津逮秘書》》所記：「刻版於崇禎十三年（1640年）。」[11]

　　毛晉在崇禎三年購得《秘冊彙函》剩餘的殘版，此時當是《津逮秘書》開始刊刻的時間，王鳴盛《蛾術編》卻誤以為是刻成之日。《津逮秘書》中記錄最遲的時間，是第十五集《錦帶書》後的毛晉識語，署時為「己丑正月一日」。[12]己丑是清順治六年（1649年）。顯見全書的編定完成，已經到了清初之際。可知《津逮秘書》整個刊刻的時間，起自明崇禎三年，迄於清順治六年，共歷時二十年。筆者認為，《陶廬雜識》的記載是指《津逮秘書》的始刻時間，然而卻不小心誤衍「十」字，因此導致錯誤。

第三節　刊刻的種類、卷數

一、收書數目和卷數

　　毛晉的《津逮秘書》是一部綜合型的叢書，多著錄唐宋人的作品，經史子集四部皆收，一共分十五集。至於收書多少種，一共有幾卷，這卻是一個相當棘手的問題。主要是因為每位研究者的觀點不同，所統計的數據不一樣，無法單憑顯示的數據來斷定

---

[10] 〔清〕王鳴盛：《蛾術編》（臺北：信誼書局，民國65年7月影印道光21年辛丑（1841年）本），卷十四，頁十二，總頁554。

[11] 〔清〕法式善：《陶廬雜識・卷四・毛氏汲古閣《津逮秘書》》（北京：中華書局，1997年12月），頁121。

[12] 〔明〕毛晉輯：《增補津逮秘書・錦帶書》，頁9228。

是非對錯。

筆者統計京都出版社《增補津逮祕書》之〈《津逮祕書》十五集總目〉、藝文印書館《百部叢書集成》第二十二函《津逮祕書》原書的〈《津逮祕書》十五集總目〉、清法式善《陶廬雜識》、楊家駱《叢書大辭典——附叢書總目類編》（《中國叢書綜錄》、《1911-1984影印善本書目錄》與此相同）、藝文印書館出版，嚴一萍選輯《百部叢書集成》第二十二函《津逮祕書》中嚴一萍撰寫的〈總目〉、《國家圖書館善本書志初稿－叢書部》、《中國古籍善本書目－叢部》（《中國古籍善本總目－叢部》與此相同）的文獻資料，並以列表的方式，詳列各書著錄的收書數目和卷數於下。

中國科學院圖書館整理的《續修四庫全書總目提要（稿本）》和王雲五主編的《續修四庫全書提要》在某些集數中書籍著錄的順序上，和前述幾種有很大的不同。以第一集為例，共收書八種，表格中（一）至（七）所著錄的第二種書籍為周端木賜《子貢詩傳》，但《續修四庫全書總目提要（稿本）》和《續修四庫全書提要》著錄的第二種書籍卻是唐陸璣撰、明毛晉輯的《毛詩草木鳥獸蟲魚疏廣要》。又（一）至（七）的第三種書籍是漢申培《詩說》，但《續修四庫全書總目提要（稿本）》和《續修四庫全書提要》兩書卻是宋王應麟的《詩攷》。

再以第二集為例，《元包數總義》不論獨立成一書或者附於《元包經傳》之後，（一）至（七）中的著錄皆是將《元包經傳》排列於前，《元包數總義》編列於後，但《續修四庫全書總目提要（稿本）》和《續修四庫全書提要》兩者卻正好相反，將《元包數總義》列於前，《元包經傳》列在後。

書名＼集數	（一）京都出版社《增補津逮秘書》之《津逮秘書》〈十五集總目〉書數	（二）藝文印書館《增補津逮秘書》《百部叢書集成》之二十二函《津逮秘書》原書的〈《津逮秘書》十五集總目〉	（三）《陶廬雜錄》書數	（四）《叢書大辭典──附叢書總目類編》、《中國叢書綜錄》、《1911-1984影印書本書目錄》中書數、（卷數）	（五）藝文書印書館出版的《百部叢書集成》第二十二函《津逮秘書》中嚴一萍撰寫的〈總目〉書數、（卷數）	（六）《國家圖書館善本書志初稿‧叢書部》書數、（卷數）	（七）《中國古籍善本書目‧叢書部》、《中國古籍善本書目‧叢書部》總書數、（卷數）	（八）中國科學院圖書館整理全書總目《續修四庫全書總目》、王雲五主編四庫全書《續修四庫全書提要》書數、（卷數）
第一集	8	8	8	8 (27)	8 (27)	8 (27)	8 (25)	8 (27)
第二集	10	10	10	11 (47)	11 (47)	10 (47)	11 (47)	11 (47)
第三集	6	6	6	6 (43)	6 (43)	6 (43)	6 (44)	6 (43)
第四集	16	15	16	18 (40)	20 (35)	18 (38)	18 (35)	18 (31)
第五集	11	11	10	11 (16)	11 (16)	11 (16)	11 (16)	11 (16)
第六集	4	4	4	4 (43)	4 (42)	4 (43)	4 (43)	4 (43)
第七集	10	10	10	10 (58)	10 (47)	10 (58)	10 (58)	10 (58)
第八集	12	12	12	12 (70)	12 (69)	12 (70)	12 (70)	12 (70)
第九集	10	10	10	9 (75)	9 (64)	9 (75)	9 (75)	9 (65)
第十集	12	12	12	12 (45)	12 (45)	12 (45)	12 (45)	12 (45)
第十一集	6	6	6	6 (59)	6 (58)	6 (59)	6 (59)	6 (59)
第十二集	10	9	10	10 (38)	10 (38)	10 (38)	10 (38)	10 (38)
第十三集	10	10	10	10 (38)	10 (38)	10 (38)	10 (38)	10 (38)
第十四集	10	10	10	4 (30)	4 (25)	4 (30)	4 (30)	4 (30)
第十五集	10	10	10	10 (126)	10 (125)	10 (126)	10 (126)	10 (126)
總計	145	143	144	141 (755)	143 (719)	140 (753)	141 (749)	141 (736)

這種著錄順序不同的情形，亦發生在第四集、第七集和、第十五集中，特別是第四集，順序尤其雜亂。

我們不談著錄順序、同書異名、作者異同的問題，先將各卷收書數目、卷數的差異一一釐清。

第一集：各書的收書數目均相同，唯《中國古籍善本書目－叢部》和《中國古籍善本總目－叢部》著錄明毛晉撰《毛詩草木鳥獸蟲魚疏廣要》二卷，比其他著錄的少二卷。《四庫全書總目》所附〈提要〉：「陸機原書二卷，每卷又分二子卷。」[13]原因在於此書在「卷上」之下分為「卷上之上」、「卷上之下」；「卷下」之下分為「卷下之上」、「卷下之下」。《中國古籍善本書目－叢部》和《中國古籍善本總目－叢部》是以「卷上」、「卷下」的方式將其著錄成二卷。

第二集：有收書十種和十一種的差別。問題在於《元包經傳》五卷和〈元包數總義〉二卷的分合。兩篇〈《津逮秘書》十五集總目〉和《陶廬雜錄》均著錄《衛氏元包經數》。觀此書名，很可能是將兩書合併為一書。《叢書大辭典──附叢書總目類編‧叢書總目類編》、《中國叢書綜錄》、《1911-1984影印善本書目錄》、《中國古籍善本書目－叢部》、《中國古籍善本總目－叢部》和嚴一萍撰寫的《津逮秘書‧總目》、《續修四庫全書總目提要（稿本）》和《續修四庫全書提要》、《國家圖書館善本書志初稿－叢書部》則是將〈元包數總義〉附於《元包經傳》之下。

13　〔清〕紀昀總纂：《四庫全書總目‧卷十五‧經部十五‧詩類一》（石家莊：河北人民出版社，2000年3月），頁416。

　　第三集：各書的收書數目均相同，唯《中國古籍善本書目－叢部》、《中國古籍善本總目－叢部》著錄北魏賈思勰撰的《齊民要術》十卷，之後多附〈雜說〉一卷。

　　第四集：此集是問題最為複雜的一集。筆者以著錄收書一百四十一種、卷數七百五十五卷的《叢書大辭典——附叢書總目類編・叢書總目類編》、《中國叢書綜錄》、《1911-1984影印善本書目錄》三書為基準。單看京都出版社〈《津逮秘書》十五集總目〉、《陶廬雜錄》和上述三書的不同，在於：《葬經》之下雖附有〈葬經翼〉，但未附有〈難解二十四篇〉、〈葬圖〉；《周髀算經》未附有〈音義〉；《古文參同契集解》未附錄〈箋註集解〉、〈三相類集解〉，不過這並未影響收書數目。有影響的是《周髀算經》之下附有〈數術記遺〉，未著錄《青烏先生葬經》，所以少了二本，共收書十六種。

　　藝文印書館《百部叢書集成》中第二十二函《津逮秘書》原書〈《津逮秘書》十五集總目〉的著錄，和《叢書大辭典——附叢書總目類編・叢書總目類編》、《中國叢書綜錄》、《1911-1984影印善本書目錄》三者的不同之處，除了和上述相同之外，並未著錄《古文參同契集解》，所以一共少了三本，共收書十五種。

　　嚴一萍撰寫的〈總目〉，和三書的不同之處在於：一、《葬圖》和〈難解二十四篇〉未附於《葬經翼》之下，故多出一書。二、《數術記遺》未附於《周髀算經》之下，故多出一書。三、《古文參同契集解》未附〈箋註集解〉和〈三相類集解〉，雖不影響收書數目，但卷數上少了五卷。四、《周髀算經》多出一卷。五、《風后握奇經》之下所附的〈握奇續經圖〉和〈八陣總述〉合計一卷，故少一卷。總計多出二書，少著錄五卷。

　　《國家圖書館善本書志初稿－叢書部》與它們的不同是《葬經翼》之下附錄〈葬經內篇〉，並非《葬經內篇》附有〈葬經翼〉，此尚未影響收書卷數。但《風后握奇經》未附有〈握奇經續圖〉一卷、〈八陣總述〉一卷，雖也不影響收書數目，但共計少了二卷，著錄卷數三十八卷。

　　《中國古籍善本書目－叢部》、《中國古籍善本總目－叢部》與三者的差異，在於：一、〈葬經翼〉、〈古本葬經內篇〉、〈葬圖〉、〈難解二十四篇〉附於《青烏先生葬經》之後，故少一本。二、《古文參同契集解》之下附有〈箋註集解〉，但《三相類集解》卻獨立成一書，所以多出一書。三、在卷數上，《古文參同契集解》一卷，少了二卷；《箋註集解》一卷，少了二卷；《三相類集解》一卷，少了一卷。增減之結果，總計少著錄了五卷，共收書十八種三十五卷。

　　《續修四庫全書總目提要（稿本）》、《續修四庫全書提要》和三者的差異在於：一、《風后握奇經》之後未附有〈握奇經續圖〉一卷、〈八陣總述〉一卷，共少收了二卷。二、〈葬經圖〉未附在《葬經內篇》之下，而是改附於《青烏先生葬經》之下。三、《葬經翼》未附在《葬經內篇》之下而獨立成書，故多出一書。四、少〈難解二十四篇〉一卷。五、〈數術記遺〉未獨立成書，附在《周髀算經》之後，故少一書。六、《古文參同契》少了二卷，多出〈卷末〉一卷，無〈箋註集解〉三卷和〈三相類集解〉二卷，故少了六卷。總計少了九卷，共收書十八種三十一卷。

　　第五集：唯一的差別在於《陶廬雜錄》未著錄《二老堂詩話》一書。

第六集：僅有嚴一萍撰寫的《津逮秘書‧總目》中，《東觀餘論》少了〈附錄〉一卷。

第七集：唯一的差異在於嚴一萍撰寫的《津逮秘書‧總目》中，《宣和畫譜》少著錄了十卷，這應是不慎所造成的錯誤。另外《圖繪寶鑑》未著錄〈附錄〉一卷，故總計少了十一卷。

第八集：僅有嚴一萍撰寫的〈總目〉，在《桯史》一書中未附〈附錄〉一卷。

第九集：在收書數目上，有九種和十種的差別，在於《酉陽雜俎》和《酉陽續雜俎》的分合問題。兩篇〈《津逮秘書》十五總目〉、《陶廬雜錄》均將二書分算，故著錄十種。其餘皆合計一書，故著錄九種。在卷數上，有七十五卷、六十四卷和六十五卷三種差別。《續修四庫全書總目提要（稿本）》和《續修四庫全書提要》在《酉陽雜俎》之下未附《酉陽續雜俎》，雖不影響收書數目，但在卷數上少著錄十卷，為六十五卷。這應是不慎所產生的錯誤。

嚴一萍撰寫的《津逮秘書‧總目》同樣在《酉陽雜俎》之下未附《酉陽續雜俎》，故少十卷。又在《甘澤謠》一書內未附〈附錄〉一卷。因此少著錄十一卷，此集總卷數是六十四卷。

第十集：收書數目和卷數完全相同。

第十一集：唯一的不同之處在於嚴一萍撰寫的《津逮秘書‧總目》中，《稽神錄》一書附錄的〈拾遺〉一卷未列入計算。

第十二集：藝文印書館《百部叢書集成》第二十二函《津逮秘書》原書的〈《津逮秘書》十五集總目〉少著錄《西山題跋》一書，所以一共收書九種。

第十三集：收書數目和卷數完全相同。

第十四集：嚴一萍撰寫的《津逮秘書·總目》在《癸辛雜識》一書中，將《前集》、《後集》、《續集》、《別集》統算為一卷，故少著錄了五卷。

第十五集：差別在於嚴一萍撰寫的《津逮秘書·總目》中，《湘山野錄》所附的〈續錄〉一卷未列入計算。

從上述所論來分析，除了嚴一萍所撰寫的《津逮秘書·總目》、《續修四庫全書總目提要（稿本）》、《續修四庫全書提要》有因為不慎所產生較大的錯誤之外，其餘的各書之所以會有這樣的差異性，少數是書籍未著錄、卷數不同所產生，但最大是在於書籍附錄、補遺的分合問題上。《陶廬雜錄》的著錄應該和京都出版社《增補津逮秘書》所據的〈《津逮秘書》十五集總目〉同出一源，只是在第五集上漏抄了《二老堂詩話》一書。

至於為什麼會有這樣的不同，筆者認為，原因有二：

一、研究者所根據的標準不一。書籍附錄的問題即是。例如：第三集的《齊民要術》，唯《中國古籍善本書目－叢部》、《中國古籍善本總目－叢部》多〈雜說〉一卷。但觀《津逮秘書》中並未有此卷，不知所謂何據。第四集的《風后握奇經》，後附有〈握奇經續圖〉和〈八陣總述〉。上述除了嚴一萍撰寫的《津逮秘書·總目》將附錄的〈握奇經續圖〉和〈八陣總述〉合計一卷外，其餘各書均各列一卷。但觀《津逮秘書》，三者實同列為一卷。同集的《古文參同契集解》一書所附錄的〈三相類集〉，《津逮秘書》所題的總名為《古文參同契三相類集解》。可見〈三相類集解〉應和《古文參同契》列為同一書。但觀兩書，作者實不相同，列為二

書也無不可。

二、最主要的原因，還是毛晉本人在得到《秘冊彙函》殘版時，才有刊刻《津逮秘書》的想法，故在當初並無完整的計畫來編輯《津逮秘書》。筆者以臺灣中央研究院傅斯年圖書館（以下簡稱傅圖）所藏民國十一年（1922年）上海博古齋據明崇禎間虞山毛氏汲古閣刊本影印的《津逮秘書》二百冊[14]，來詳加解說這種情形。

此書在第二、五、六、八、九、十、十乙、十二、十三、十四、十五集之前，有各集的〈集目〉。但因第一冊遺失，故筆者無法確定在第一集中，是否有〈總目〉和第一集的〈集目〉。但從上述的資料可發現，確定沒有〈集目〉的是第三、四、七集。恰好最多問題的第四集沒有〈集目〉，筆者據此推測，很可能是毛晉在刊刻時因為有某書是否附於某書、某書是否刊刻入集等諸多的問題尚未解決，才會產生在編排上的體例不一、並非每一集都有〈集目〉的情形產生。

單是〈總目〉，就存在很多問題。京都出版社和藝文印書館各為所據的〈《津逮秘書》十五集總目〉，在第四集、第十二集就有所不同。它們和傅圖所藏，能見到的各集〈集目〉也不一樣。為何一書各版本之中，有這樣的差異，令人百思不解。唯一可作解釋的，就是毛晉在刊刻時的計劃不夠縝密，以致於有錯誤的產生，或者是刊行之後又有所更改。

再者，〈集目〉上的收書書數也並非每集收書的正確書數。

14　〔明〕毛晉輯：《津逮秘書》（上海：博古齋，民國11年（1922年）影印明崇禎間虞山毛氏汲古閣刊本）。

例如：第二集的〈集目〉裡，未列李鼎祚的《周易集解》。其他書籍的順序也不一樣，例如〈集目〉上的《元包數總義》在《郭氏周易舉正》之後，但實際上是在它之前。第五集〈集目〉著錄《全唐詩話》、《彥周詩話》、《二老堂詩話》、《續詩話》、《紫薇詩話》、《石林詩話》、《中山詩話》、《竹坡詩話》八種。實際上收書多出《六一詩話》、《滄浪詩話》、《後山詩話》、《西山題跋》四書，且順序也不盡相同。

另外，從第六集中嗣出的《金石錄》、《墨池編》也可看出，原來在刊刻時打算將兩書刻入此集，但又不知何故嗣出。第九集的〈集目〉中，將《酉陽雜俎》和《酉陽續雜俎》分列兩書目，但在實際上，《酉陽續雜俎》的書名仍刻《酉陽雜俎》，只是在版心中刻續集卷，以這樣來看，只能合算一書。第十四集〈集目〉，將《癸辛雜識前集》、《癸辛雜識後集》、《癸辛雜識續集》、《癸辛雜識別集》分列成四書。但實際上卻統一在象鼻中刻書名「《癸辛雜識》，在版心中刻上「某集某卷」，所以也只能算一書。但具有相同情形的《揮麈前錄》、《揮麈後錄》、《揮麈三錄》、《揮麈餘話》，卻沒有按照相同的編排方式，將其分為四書。觀第十五集的收書上，有《續湘山野錄》一書，此書在象鼻亦刻書名「《續湘山野錄》」。但在書目中並未有《續湘山野錄》，似乎是和《湘山野錄》併為一書。所以這到底是一書還是二書，也是很有爭議性。這些都證明了毛晉並非對《津逮秘書》的刊行有完善的計畫。

若依傅圖所藏的《津逮秘書》為基準，雖第一冊遺失，不知是否有〈集目〉，但可從第二集的〈集目〉，推算前面刊刻了多少書籍。第七集雖也沒有〈集目〉，但可從第六集〈集目〉之

後，至第八集〈集目〉之前推算出來。至於三、四集沒有〈集目〉，筆者為了謹慎起見，故將這兩集合併計算，它各集實際所收錄的書籍如下：

第一集：《詩序》、《詩傳》、《詩說》、《詩外傳》、《毛詩陸疏廣要》、《詩攷》、《詩地理攷》、《爾雅鄭注》，共收書八種。

第二集：《京氏易傳》、《關氏易傳》、《蘇氏易傳》、《焦氏易林》、《周易集解》、《易釋文》、《王氏周易略例》、《元包經傳》、《元包數總義》、《周易舉正》、《正易心法》，共收書十一種。

第三、四集：從第三十一冊開始，收書有《齊民要術》、《急就篇》、《漢制攷》、《四十二章經》、《道德指歸論》、《葬圖》、《葬經》、《葬經內篇》、《難解》、《葬經翼》、《參同契》、《周髀算經》、《周髀音義》、《數術記遺》、《玄女經》、《胎息經》、《握奇經》、《耒耜經》、《五木經》、《女孝經》、《丸經》、《星經》、《忠經》、《宅經》、《墨經》，共收書二十六種。

第五集：《全唐詩話》、《六一詩話》、《滄浪詩話》、《後山詩話》、《彥周詩話》、《二老堂詩話》、《紫薇詩話》、《石林詩話》、《中山詩話》、《竹坡詩話》、《續詩話》、《西山題跋》，共收書十二種。《西山題跋》並不屬於「詩話類」的著作，觀《汲古閣校刻書目》，是將此書列入第十二集之中[15]，當是編冊時不慎誤入。

---

[15] 見〔明〕毛晉：《汲古閣校刻書目》，頁872。

第六集：《法書要錄》、《東觀餘論》、《廣川書跋》、《宣和書譜》，一共收書四種。

第七集：《圖書見聞誌》、《歷代名畫記》、《古畫品錄》、《續畫品錄》、《宣和畫譜》、《圖繪寶鑑》、《後畫錄》、《續畫品》、《畫繼》、《畫史》，一共收書十種。

第八集：《詩品》、《詩品二十四則》、《風騷旨格》、《芥隱筆記》、《冷齋夜話》、《西溪叢語》、《益部方物略記》、《捫蝨新話》、《歲華紀麗》、《玉藥辨證》、《桯史》、《泉志》，一共收書十二種。

第九集：《酉陽雜俎》、《甘澤謠》、《本事詩》、《誠齋雜記》、《五色線》、《卻掃編》、《劇談錄》、《瑯嬛記》、《輟耕錄》。一共收書九種。

第十集：《西京雜記》、《洛陽伽藍記》、《佛國記》、《洛陽名園記》、《真靈業位圖》、《東京夢華錄》、《創業起居注》、《玉堂雜記》、《唐國史補》、《老學庵筆記》、《漢雜事秘辛》、《焚椒錄》。一共收書十二種。

第十一集：《搜神記》、《搜神後記》、《異苑》、《錄異記》、《冥通記》、《稽神錄》。一共收書六種。

第十二集：《東坡題跋》、《山谷題跋》、《无咎題跋》、《宛丘題跋》、《淮海題跋》、《鶴山題跋》、《放翁題跋》、《姑溪題跋》、《石門題跋》。一共收書九種。

第十三集：《六一題跋》、《元豐題跋》、《水心題跋》、《益公題跋》、《後村題跋》、《止齋題跋》、《魏公題跋》、《晦庵題跋》、《海岳題跋》、《容齋題跋》。一共收書十種。

第十四集：《樂府古題辭要解》、《癸辛雜識》（包括

《前集》、《後集》、《續集》、《別集》）、《紹興內府古器評》、《揮塵前錄》、《揮塵後錄》、《揮塵三錄》、《揮塵餘話》。一共收書七種。

第十五集：《夢溪筆談》、《湘山野錄》、《續湘山野錄》、《春渚紀聞》、《齊東野語》、《茅亭客話》、《錦帶書》、《邵氏聞見錄》、《聞見後錄》、《避暑錄話》、《貴耳集》。一共收書十一種。

這是按照《津逮秘書》實際的各集收書總數而論。但還是無法徹底解決爭議性的問題。筆者認為，雖然毛晉在刊刻《津逮秘書》時並未有周詳的計畫，但在刊刻完成之後，他卻有認定的標準。毛晉撰的《汲古閣校刻書目》，詳細記載了《津逮秘書》的著錄情形：

　　《津逮秘書》十五集
　　第一集八種
　　　　《子夏詩序》全卷　　七十五葉
　　　　《子貢詩傳》全卷　　十八葉
　　　　《申氏詩說》全卷　　三十一葉
　　　　《韓詩外傳》十卷　　一百六十六葉
　　　　《陸氏草木蟲魚疏》四卷　　二百九十葉
　　　　《王氏詩考》全卷　　六十六葉
　　　　《王氏詩地理考》六卷　　一百六十七葉
　　　　《鄭氏爾雅註》三卷　　八十三葉
　　共九百十五葉
　　第二集十種

《焦氏易林》四卷　　三百二十四葉

《周易集解略例》全卷　　二十九葉

《衛氏元包經數》五卷　　八十五葉

《蘇氏易傳》九卷　　二百八十二葉

《陸氏易釋文》全卷　　四十一葉

《京氏易傳》三卷　　五十七葉

《關氏易傳》全卷　　二十六葉

《李氏易解》十七卷　　五百三十五葉

《郭氏周易舉正》三卷　　三十六葉

《麻衣道者正易心法》全卷　　二十七葉

共一千四百四十七葉[16]

第三集六種

《通鑑問疑》全卷　　二十葉

《小學紺珠》十卷　　五百二十六葉

《齊民要術》十卷　　三百二十八葉

《通鑑地理通釋》十四卷　　四百五十五葉

《急就篇》四卷正文一卷　　一百三十九葉

《漢制考》四卷　　一百三十八葉

共一千六百六葉

第四集十六種

《四十二章經》一卷　　十三葉

《星經》二卷　　五十葉

《忠經》全卷　　十四葉

---

[16] 原誤作「一千四百四十二葉」，據以影印的原書收藏者已校訂。

《女孝經》全卷　　十二葉

《宅經》二卷　　十九葉

《葬經》〈葬經翼〉　　一百二十葉

《道德指歸論》六卷　　一百二十一葉

《握奇經》全卷　　十葉

《參同契》八卷　　三百三十葉

《周髀算經》二卷〈記遺〉一卷　　一百五十八葉

《胎息經》全卷　　四葉

《元女經》[17]　　四葉

《墨經》全卷　　十三葉

《耒耜經》全卷　　三葉

《五木經》全卷　　二葉

《丸經》二卷　　二十四葉

共八百九十七葉

第五集十一種

《全唐詩話》六卷　　二百七十九葉

《六一詩話》　　十六葉

《滄浪詩話》　　三十二葉

《竹坡詩話》　　三十四葉

《彥周詩話》　　四十一葉

《二老堂詩話》　　二十九葉

《紫薇詩話》　　二十四葉

《中山詩話》　　二十六葉

---

[17] 即《玄女經》，因避諱清聖祖康熙「玄燁」，故改「玄」為「元」。

《石林詩話》　　五十二葉

《後山詩話》　　二十葉

《文正公詩話》　　十三葉

共五百六十七葉

第六集四種

《法書要錄》十卷　　三百七十三葉

《東觀餘論》二卷〈附錄〉　　二百二十四葉

《廣川書跋》十卷　　二百三十七葉

《宣和書譜》二十卷　　二百三十七葉

共一千五十五葉

第七集十種

《古畫品錄》　　六葉

《續畫品錄》　　五葉

《後畫錄》　　五葉

《續畫品》　　七葉

《歷代名畫記》十卷　　一百六十五葉

《圖畫見聞誌》六卷　　一百三十二葉

《畫繼》十卷　　一百二葉

《畫史》全卷　　五十葉

《宣和畫譜》二十卷　　二百九十六葉

《圖繪寶鑑》六卷〈補遺〉一卷　　二百十三葉

共九百八十一葉

第八集十二種

《詩品》三卷　　二十四葉

《二十四詩品》　　八葉

《風騷旨格》　　十九葉

《芥隱筆記》　　四十四葉

《冷齋夜話》十卷　　一百五葉

《西溪叢話》二卷　　一百二十六葉

《捫蝨新話》十五卷　　一百五十四葉

《歲華紀麗》四卷　　六十七葉

《桯史》十五卷〈附錄〉　　三百十葉

《益部方物略記》　　十三葉

《泉志》十五卷　　一百五十三葉

《玉蕊辨證》　　十七葉

共一千四十葉

第九集十種

《酉陽雜俎》二十卷　　二百五十三葉

《酉陽雜俎續集》十卷　　一百三十葉

《甘澤謠》　　三十五葉

《本事詩》　　三十葉

《誠齋雜記》二卷　　三十三葉

《五色線》二卷〈中卷〉未刻　　九十一葉

《卻掃編》三卷　　一百十葉

《劇談錄》二卷　　七十三葉

《瑯嬛記》[18]三卷　　八十二葉

《輟耕錄》三十卷　　五百六十三葉

共一千四百葉

---

[18] 原書誤作「《嫏嬛記》」，今更之。

第十集十二種

《西京雜記》六卷　　五十二葉

《洛陽伽藍記》五卷　　一百十五葉

《佛國記》全卷　　四十七葉

《洛陽名園記》全卷　　十六葉

《真靈位業圖》全卷　　三十九葉

《東京夢華錄》十卷　　九十八葉

《創業起居注》三卷　　七十葉

《唐國史補》三卷　　八十八葉

《玉堂雜記》三卷　　五十一葉

《老學庵筆記》十卷　　一百九十六葉

《漢雜事秘辛》　　十一葉

《焚椒錄》全卷　　十二葉

共七百九十六葉

第十一集六種

《搜神記》二十卷　　二百八葉

《搜神後記》十卷　　五十七葉

《異苑》十卷　　一百六葉

《錄異記》八卷　　九十葉

《冥通記》四卷　　七十四葉

《稽神錄》六卷〈拾遺〉一卷　　一百十九葉

共六百五十四葉

第十二集十種

《東坡題跋》六卷　　三百四葉

《山谷題跋》九卷　　二百二十八葉

《宊咎題跋》全卷　　三十七葉

《宛邱題跋》全卷　　十五葉

《淮海題跋》全卷　　二十三葉

《鶴山題跋》七卷　　一百四十六葉

《西山題跋》三卷　　一百十八葉

《放翁題跋》六卷　　一百二十一葉

《姑溪題跋》二卷　　五十八葉

《石門題跋》二卷　　七十一葉

共一千一百二十一葉

第十三集十種

《六一題跋》十一卷　　三百三葉

《元豐題跋》[19]　　十四葉

《水心題跋》全卷　　四十一葉

《益公題跋》十二卷　　三百二十六葉

《後村題跋》四卷　　一百八葉

《止齋題跋》二卷　　三十八葉

《魏公題跋》全卷　　十三葉

《晦菴題跋》三卷　　一百六十七葉

《海岳題跋》全卷　　三十一葉

《容齋題跋》三卷　　五十九卷

共一千一百葉

第十四集十種

《樂府古題要解》二卷　　三十葉

---

[19]　原書誤做「《南豐題跋》」，今更之。

《癸辛雜識》六卷《前》、《後》、《續》、《別》
　　三百三十一葉

《紹興內府古器評》二卷　　六十五葉

《揮塵前錄》四卷　　八十葉

《揮塵後錄》十一卷　　二百七十三葉

《揮塵三錄》三卷　　七十葉

《揮塵餘話》二卷　　一百二十八葉

共九百七十七葉

第十五集十種

《夢溪筆談》二十六卷　　二百八十七葉

《湘山野錄》四卷〈續〉一卷　　一百二十二葉

《錦帶書》全卷　　八葉

《邵氏聞見錄》二十卷　　二百六十七葉

《邵氏聞見後錄》三十卷　　三百三十五葉

《齊東野語》二十卷　　四百六十三葉

《貴耳集》三卷　　一百二十六葉

《避暑錄話》二卷　　一百九十九葉

《茅亭客話》十卷　　一百一葉

《春渚紀聞》十卷　　一百七十四葉

共二千八十二葉。計一百四十五種，共一萬六千六百三十
七葉[20]

王鳴盛《蛾術編・卷十四・汲古閣刻》同記「《津逮秘書》

---

[20]　〔明〕毛晉：《汲古閣校刻書目》，頁869-873。

共一百四十五種，計一萬一千六百三十七頁。」[21]這個數字，可以說是毛晉刊刻《津逮秘書》的最後定案。可惜它的著錄還是有誤。例如：《申氏詩說》全卷只有二十九葉，卻著錄三十一葉；《元包經傳》和《元包數總義》合併成《衛氏元包經數》一書，著錄五卷八十五葉，但實際上是七卷八十五葉；《葬經》、〈葬經翼〉應為一百二十一葉，並非著錄的一百二十葉；《急就篇》未有正文一卷；《搜神記》二十卷二百七葉，卻著錄二百八葉；《石門題跋》二卷七十葉，卻著錄七十一葉；《容齋題跋》二卷五十九葉，卻著錄為二卷；《湘山野錄》三卷卻著錄成四卷。這些都是在著錄時不慎所產生。

　　儘管如此，我們還是可以藉毛晉之意，並參之己見，來解決上述一些具有爭議性的問題：

一、第一集中的爭議，在於毛晉撰的《毛詩草木鳥獸蟲魚疏廣要》是四卷還是二卷？從《汲古閣校刻書目》中無法看出毛晉的想法。但實際上它分卷為「卷上之上」、「卷上之下」、「卷下之上」、「卷下之下」，所以還是四卷為宜。

二、第二集的《元包經傳》五卷和《元包數總義》二卷，應合併為《衛氏元包經數》七卷。

三、第四集是爭議性最多的一集，其中又以《葬經》附錄的問題最為複雜。觀《津逮秘書》實際著錄的次序：為〈序〉二葉、〈葬圖〉十三葉、〈青烏先生葬經〉八葉、〈葬經內篇〉七葉、〈難解二十四篇〉三十二葉、〈葬經翼序〉七葉、〈葬經翼〉五十二葉。由此看來，《汲古閣校刻書目》

---

21 〔清〕王鳴盛：《蛾術編》，卷十四，頁十四，總頁557。

著錄「《葬經》、〈葬經翼〉 一百二十葉」，是將〈葬
圖〉、〈青烏先生葬經〉、〈葬經內篇〉、〈難解二十四
篇〉統稱作《葬經》，而〈葬經翼〉附錄於《葬經》。所以
在著錄上不應增加《青烏先生葬經》一書。原各書均作一
卷，故總共是五卷。

四、《周髀算經》二卷實際上是先附錄〈周髀音義〉一卷，後附
錄〈數術記遺〉一卷。所以從《汲古閣校刻書目》得知毛晉
之意，是將〈周髀音義〉算入《周髀算經》之中，不計卷
數。〈數術記遺〉也不獨立成一書。

五、《古文參同契》著錄的順序：〈楊慎序〉三葉、〈蔣一彪
序〉四葉、〈卷上・上〉六十四葉、〈卷上・中〉四十三
葉、〈卷上・下〉四十一葉、〈卷下・上〉六十葉、〈卷
下・中〉二十三葉、〈卷下・下〉五十五葉、〈古文參同契
三相類集解・卷末上篇〉十六葉、〈古文參同契三相類集
解・卷末下篇〉十八葉。再參照《汲古閣校刻書目》，可知
毛晉之意，是將上述均統稱為《參同契》，一共有八卷。

六、《風后握奇經》附有〈握奇經續圖〉、〈八陣總述〉，觀
《汲古閣校刻書目》著錄「《握奇經》全卷」，可知上述三
者統合為一卷。

據上述剖析，第四集實為收書十六種、三十八卷。

七、《酉陽雜俎》和《酉陽續雜俎》應分成二書。

八、《癸辛雜識前集》、《後集》、《續集》、《別集》應分成
四書計算。

九、《揮麈前錄》、《後錄》、《三錄》、《餘話》應分成四書。

十、《湘山野錄》和〈續錄〉合計一書。

筆者現將《津逮秘書》正確的各集收書書目和卷數統計如下：

第一集：八種、二十七卷。第二集：十種、四十七卷。第三集：六種、四十三卷。第四集：十六種、三十七卷。第五集：十一種、十六卷。第六集：四種、四十二卷。第七集：十種、五十八卷。第八集：十二種、六十九卷。第九集：十種、七十四卷。第十集：十二種、四十五卷。第十一集：六種、五十九卷。第十二集：十種、三十八卷。第十三集：十種、三十八卷。第十四集：十種、三十卷。第十五集：十種，一百二十六卷。總計收書一百四十五種、七百四十九卷。

這是筆者根據《汲古閣校刻書目》推論毛晉輯刊《津逮秘書》收書的書目和卷數。書籍的分合，確實是見仁見智的問題，如能以毛氏原意為判斷的標準，是較為妥當的。但在卷數上，筆者認為還是有不妥之處。像《周髀算經》附有〈周髀音義〉；《東觀餘論》、《桯史》均附有〈附錄〉，它們在頁次上，都已另外重新計算，實為一卷，所以應再增加三卷，理當合理。如果是這樣計算，則第四集三十八卷、第六集四十三卷、第八集七十卷，總共是七百五十二卷。但我們還是尊重毛氏之意，不妄加增補、刪改，以體現原編輯者的思想。

在確定了《津逮秘書》的收書總數和卷數之後，有助於我們進一步去瞭解和分析張海鵬《學津討原》和此書之間的關係。

二、收書種類

《津逮秘書》是一部綜合性的叢書，經、史、子、集四部皆有。其收書種類，筆者以《四庫全書》和《四庫全書總目》的分類作為判斷的依據，若該書在《四庫全書總目》中未著錄，則

以《續修四庫全書》為準,並另外加以註明。未註明者,即是按照《四庫全書》和《四庫全書總目》的分類作為標準。今敘述如下:

第一集:除了《鄭氏爾雅注》一書屬於經部小學類之外,其餘各書均屬於經部詩類。

第二集:除了《焦氏易林》和《衛氏元包經數》屬於子部術數類之外,其餘所收的書籍均屬於經部易類。然考《焦氏易林》和《衛氏元包經數》兩書的內容,多言及六十四卦,實和易學有關。

第三集:《通鑑地理通釋》屬於史部編年類,《通鑑問疑》屬於史部史評類,《小學紺珠》屬於子部類書類,《齊民要術》屬於子部農家類,《急就篇》屬於經部小學類,《漢制攷》屬於史部政書類。

第四集:《四十二章經》,《續修四庫全書》著錄於子部釋家類,《道德指歸論》、《胎息經》、《古文參同契集解》屬於子部道家類,《忠經》、《女孝經》屬於子部儒家類,《葬經》〈葬經翼〉附、《玄女經》、《宅經》屬於子部術數類,《星經》、《周髀算經》〈數術記遺〉附屬於子部天文算法類,《握奇經》屬於子部兵家類,《丸經》、《五木經》屬於子部藝術類,《耒耜經》屬於子部農家類,《墨經》屬於子部譜錄類。

第五集:所收之書皆著錄於集部詩文評類。其中宋司馬光所撰的《文正公詩話》,又名《續詩話》,《四庫全書》著錄此名。

第六集:《法書要錄》、《廣川書跋》、《宣和畫譜》屬於子部藝術類,《東觀餘論》屬於子部雜家類。

第七集:所收書籍皆屬於子部藝術類。

第八集:《詩品》、《二十四詩品》屬於集部詩文評類,

《風騷旨格》在《續修四庫全書》中著錄於集部詩文評類，《芥隱筆記》、《冷齋夜話》、《西溪叢語》、《捫蝨新語》屬於子部雜家類，《桯史》屬於子部小說家類，《益部方物志》、《歲華紀麗》屬於史部地理類，《玉蕊辨證》一書，《四庫全書》題名為《唐昌玉蕊辨證》，和《泉志》二書均屬於子部譜錄類。

第九集：《酉陽雜俎》、《酉陽續雜俎》、《甘澤謠》、《五色線》、《劇談錄》、《輟耕錄》屬於子部小說家類，《誠齋雜記》、《卻掃編》屬於子部雜家類，《瑯嬛記》屬於子部釋家類，《本事詩》屬於集部詩文評類。

第十集：《洛陽伽藍記》、《洛陽名園記》、《東京夢華錄》、《佛國記》屬於史部地理類，《大唐創業起居注》屬於史部編年類，《玉堂雜記》屬於史部職官類，《焚椒錄》屬於史部雜史類，《真靈位業圖》屬於子部道家類，《老學庵筆記》屬於子部雜家類，《漢雜事秘辛》、《西京雜記》、《唐國史補》屬於子部小說家類。

第十一集：均屬於子部小說家類的書籍。其中《周氏冥通記》是依據《續修四庫全書》的著錄。

第十二集：全部都是題跋的書籍，故散見於個人的別集當中，屬於集部別集類的著作。

第十三集：同上。

第十四集：《樂府古題要解》屬於集部詩文評類，《癸辛雜識前集》、《後集》、《續集》、《別集》與《揮麈前錄》、《後錄》、《三錄》、《餘話》屬於子部小說家類，《紹興古器評》屬於子部譜錄類。

第十五集：《夢溪筆談》、《春渚紀聞》、《齊東野語》、

《避暑錄》、《貴耳錄》屬於子部雜家類，《湘山野錄》、《邵氏聞見錄》、《聞見後錄》、《茅亭客話》屬於子部小說家類。《茅亭客話》一書，《四庫全書總目》作《茆亭客話》。《錦帶書》在《四庫全書總目》作《錦帶》，屬於子部類書類。

筆者以表格示之《津逮秘書》收書的種類：

	經部	史部	子部	集部
一集	詩類：7 小學類：1			
二集	易類：8		術數類：2	
三集	小學類：1	編年類：1 史評類：1 政書類：1	類書類：1 農家類：1	
四集			儒家類：2 道家類：3 術數類：3 天文算法類：2 兵家類：1 農家類：1 釋家類：1 藝術類：2 譜錄類：1	
五集				詩文評：11
六集			藝術類：3 雜家類：1	
七集			藝術類：10	
八集		地理類：2	雜家類：4 小說家類：1 譜錄類：2	詩文評：3
九集			雜家類：2 小說家類：6 釋家類：1	詩文評：1
十集		編年類：1 地理類：4 雜史類：1 職官類：1	道家類：1 雜家類：1 小說家類：3	

	經部	史部	子部	集部
十一集			小說家類：6	
十二集				別集類：10
十三集				別集類：10
十四集			小說家類：8 譜錄類：1	詩文評：1
十五集			雜家類：5 小說家類：4 類書類：1	
總計	詩類：7 易類：9 小學類：2	編年類：2 地理類：6 史評類：1 雜史類：1 政書類：1 職官類：1	儒家類：2 道家類：3 兵家類：1 農家類：2 雜家類：13 小說家類：28 釋家類：2 天文算法類：2 術數類：4 藝術類：15 譜錄類：3 類書類：2	詩文評：16 別集類：20

從上表可以清楚看出，在經部方面，偏重在「詩類」、「易類」的書籍。史部方面，最主要是「地理類」的著作。子部是《津逮秘書》著錄最多的一類，其中以「雜家類」、「小說家類」、「藝術類」的作品最多。集部注重在詩文評的部分。筆者今就其主要部分加以闡述：

（一）經部

經部所收，主要是詩類和易類的作品。「詩類」的著作，收錄有七種。其中不乏罕見且具有實用學術價值的書籍。例如：王應麟的《詩考》，《四庫全書總目・卷十五・經部十五・詩類一》所附的〈提要〉云：

應麟檢諸書所引，集以成帙，以存三家逸文。又旁搜廣
討，曰《詩異字異義》，曰《逸詩》，以附綴其後。……
然古書散佚，搜采為難，後人踵事增修，較創始易於為
力。篳路襤縷，終當以應麟為首庸也。[22]

又王應麟的《詩地理考》，《四庫全書總目・卷十五・經部
十五・詩類一》所附的〈提要〉云：

宋王應麟撰。其書全錄鄭氏《詩譜》，又旁采《爾雅》、
《說文》、《地志》、《水經》以及先儒之言，凡涉於詩
中地名者，薈萃成編。然皆采錄遺文，案而不斷，故得
失往往并存。……兼采異聞，亦資考證。他如《二子乘
舟》，引《左傳》「盜待于莘」之說；秦穆「三良」，引
《括地志》「冢在雍縣」之文：皆《經》無明文，而因事
以存其人。亦徵引該洽，固說《詩》者所宜考也。[23]

王應麟檢索古書所引，保存魯、齊、韓三家詩的逸文，輯
成《詩考》。又全錄鄭玄《詩譜》，旁采《爾雅》、《說文》、
《地志》、《水經》和先儒之言等遺文中有關《詩經》地名者，
編成《詩地理考》一書。這些罕見而又有學術價值的文獻，對於
《詩經》的研究，有很大的裨益。

---

[22] 〔清〕紀昀總纂：《四庫全書總目・卷十五・經部十五・詩類一》，頁
431。

[23] 〔清〕紀昀總纂：《四庫全書總目・卷十五・經部十五・詩類一》，頁
431-432。

　　「易類」的書籍一共有八種，此類亦不乏具有學術價值而又罕見之書。例如：《京氏易傳》，晁公武《郡齋讀書志‧卷一‧易類》（以下簡稱《讀書志》）「《京房易傳》」條云：

　　右《漢‧藝文志》，《易》京氏凡三種八十九篇；《隋‧經籍志》有《京氏章句》十卷，又有《占候》十種七十三卷；《唐‧藝文志》有《京氏章句》十卷，而《占候》存者五種二十三卷。今其《章句》亡矣，乃略見於僧一行及李鼎祚之書。今傳者曰《京氏積算易傳》三卷、《雜占條例法》一卷，名與古不同。所謂《積算易傳》疑《隋》、《唐》志之錯卦是也，《雜占條例法》者疑《隋》、《唐》志之《逆刺占災異》是也。[24]

　　又《衛氏元包經數》，因毛晉刊刻時，是將《元包經傳》和《元包數總義》二書合併，改題此名，故《四庫全書總目‧卷一百八‧子部十八‧術數類一》稱此書為《元包》五卷、附〈元包數總義〉二卷，其〈提要〉云：

　　北周衛元嵩撰，唐蘇源明傳，李江注，宋韋漢卿《釋音》。其《總義》二卷則張行成所補撰也。……元嵩書《唐志》作十卷，今本五卷，其或併或佚，蓋不可考。楊楫〈序〉稱，大觀庚寅，前進士張升景初，攜《玄包》見

---

[24]〔宋〕晁公武撰，〔清〕王先謙校：《郡齋讀書志‧卷一‧易類》（中和：廣文書局，民國68年4月影印長沙王先謙校刊本），頁六-七，總頁306-307。

遺，曰自後周歷隋、唐，迄今五百餘載，世莫得聞。項因
楊公玄素內翰傳祕閣本，俾鏤版以傳。然此書《唐志》、
《崇文總目》并著錄，何以云五百餘年世莫得聞？王世貞
疑為依托，似非無見。[25]

可見京房所撰的《京氏易傳》，從漢至宋時，已亡佚大半，
能流傳至今者，已屬難能可貴。此書有助於漢代易學的研究。而
《衛氏元包經數》一書，筆者認為，楊楫在序文裡所述之意，很
可能是指在民間此書流傳甚少，不容易見得。《唐志》、《崇文
總目》是著錄國家藏書的書目，自然在數量上較為可觀，但不一
定普及。

（二）史部

此類最主要的是「地理類」的作品。例如：北魏楊衒之《洛
陽伽藍記》詳細介紹當時在洛陽城中的佛教勝地，對於瞭解當時
佛教的盛況和洛陽城中的景象，都有所益助。《佛國記》一書，
記載釋法顯從長安遊天竺，經歷三十幾個國家返還之後回到京
城，和天竺禪師參互辨定所撰成。對於瞭解西域地區的地理有很
大的幫助。此外如孟元老的《東京夢華錄》，筆者在上一章已有
所述，不再贅述。

（三）子部

子部收錄最主要是「雜家類」、「小說家類」、「藝術類」

25　〔清〕紀昀總纂：《四庫全書總目・卷一百八・子部十八・術數類一》，
頁2759-2760。

三類的書籍。其中雜家類和小說家類所收錄的，絕大多數是屬於「史料筆記」的性質。像《輟耕錄》、《老學庵筆記》、《癸辛雜識》四集、《揮麈錄》四集、《春渚紀聞》、《茅亭客話》、《邵氏聞見錄》、《邵氏聞見後錄》、《卻掃編》……等都是。例如：

　　徐度的《卻掃編》，《四庫全書總目》所附〈提要〉云：「故此編所紀，皆國家典章，前賢逸事，深有裨於史學。」[26]對於史學上有很大的益助。邵伯溫的《邵氏聞見錄》，多北宋時期歷史見聞，其中對王安石變法的記載特詳。僧文瑩的《湘山野錄》著錄許多北宋前期作者耳聞目睹的事跡，尤對統治階級的黑暗腐敗，官吏的殘忍暴行皆有所批露。另外，對當時的社會經濟、外交活動也有所記述。這些都可以彌補正史上的不足。

　　此外，小說家類收錄的還有很多是屬於神怪之類的書籍。如《搜神記》、《後搜神記》、《錄異記》、《周氏冥通記》等，有些內容不乏具有相當的意義，足以反映當時社會的價值觀，有助於瞭解我國古代社會史的另一面。這些書籍，也是我國志怪小說的代表作，對於小說研究是極重要的第一手文獻資料。

　　「藝術類」的書籍，多屬於書法、畫繪的創作理論和鑒賞，以及人物、收藏方面的記載。例如：《宣和書譜》記「宋徽宗時內府所藏諸帖」，全書首列帝王諸書一卷，次列篆隸一卷，次列正書四卷，次列行書六卷，次列草書七卷，末列分書一卷，《四庫全書總目》的〈提要〉稱其「賞鑒則為獨絕」。[27]董逌《廣川

───────────────

[26]　〔清〕紀昀總纂：《四庫全書總目・卷一百二十一・子部三十一・雜家類五》，頁3119-3120。

[27]　〔清〕紀昀總纂：《四庫全書總目・卷一百十二・子部二十二・藝術類

書跋》「其人蓋不足道，然其賞鑒書畫，則至今推之。是編皆古器款識及漢、唐以來碑帖，末亦附宋大人數帖，論斷考證，皆極精當。」[28]《宣和畫譜》記「宋徽宗朝內府所藏諸畫」，載人物二百三十一人，並分為道釋、人物、宮室、蕃族、龍魚、山水、鳥獸、花木、墨竹、蔬果十門。張彥遠《歷代名畫記》，「〈自序〉謂家世藏法書名畫，收藏鑒識，自謂有一日之長。」[29]這些對於書法、繪畫的研究和鑒賞，都是相當珍貴而重要的文獻資料。

（四）集部

集部收錄最主要的是「詩文評」和「題跋」的作品。「題跋」散見於各別集當中，毛晉將其彙集成一書，在搜尋上頗為便利。至於「詩文評」一類，可以再分為「詩評」和「詩話」的作品。

關於「詩評」的著作，鍾嶸的《詩品》，論漢魏詩人一百零三人的優劣，分成上、中、下三品。司空圖的《詩品二十四則》重在解詩，分成雄渾、沖淡、纖穠、綺麗、自然、含蓄、豪放、飄逸、曠達等二十四種詩歌的風格。這兩書是評論詩歌理論的重要著作。另外，《津逮秘書》中還有著錄連《四庫全書》都未收錄的《風騷旨格》。

「詩話」的產生，部分是淵源於《詩品》這一類的「詩評」著作而來的。

一》，頁2888。

[28] 〔清〕紀昀總纂：《四庫全書總目・卷一百十二・子部二十二・藝術類一》，頁2889。

[29] 〔清〕紀昀總纂：《四庫全書總目・卷一百十二・子部二十二・藝術類一》，頁2875。

《中國文學大辭典》對「詩話」的解釋：

> 古代詩歌理論批評的一種重要樣式。詩話實際上是漫談詩
> 歌的筆記著作。它形式靈活，常以三言五語為一則，信筆
> 寫來，隨意短長，沒有嚴密的結構，內容較為龐雜，即有
> 關詩歌理論的見解主張，也有對名篇佳句的摘引，對詩歌
> 本事的記載，以及對各種闕疑的考證。詩話探討詩歌的藝
> 術規律，多缺乏理論思辨的系統性，但講究具體的體驗和
> 感語，具有言簡意深的特色。[30]

　　簡言之，詩話可以著錄任何和詩歌相關的內容，採取筆記的
形式來著作。長久以來，「詩話」一直是研究我國古代詩歌理論
的重要文獻。毛晉《津逮秘書》所收錄詩話，如歐陽修的《六一
詩話》，是詩話的首創，原名只作《詩話》，後因詩話漸多，
故改稱《六一詩話》以作區別。其創作的宗旨僅僅在於「以資
閑談」。司馬光的《文正公詩話》，是追隨其文學好友歐陽修的
《六一詩話》仿效之。其撰述的意旨，和《六一詩話》相同，
重在「記事」。此外，劉攽《中山詩話》、嚴羽《滄浪詩話》、
葉夢得《石林詩話》等，也都是詩話當中的佼佼者，極具參考
價值。

　　以上所述，就是《津逮秘書》主要著錄的書籍種類的情形。

---

[30] 天津人民出版社、百川書局出版社主編：《中國文學大辭典》（臺北：
　　百川書局，民國83年12月），頁6625。

第四節 《津逮秘書》和《秘冊彙函》的關係

《津逮秘書》和《秘冊彙函》的關係，筆者認為，有二點可以詳加探討：

一、《津逮秘書》刊刻的緣由

《津逮秘書》的刊刻計畫，始於毛晉得到《秘冊彙函》的殘版開始。這一點筆者在前面已有提及，不再贅述。

二、《津逮秘書》使用《秘冊彙函》的版片

從《津逮秘書》中可知，使用《秘冊彙函》殘版所刊刻的書籍，計有《齊民要術》、《道德指歸論》、《周髀算經》〈數術記遺〉附、《益部方物略記》、《歲華記麗》、《泉志》、《靈寶真靈位業圖》、《東京夢華錄》、《佛國記》、《大唐創業起居注》、《漢雜事秘辛》、《搜神記》、《搜神後記》、《錄異記》、《周氏冥通記》、《異苑》十六種之多。如將附於《周髀算經》的《數術記遺》也獨立成一書，則有十七種。若以沈士龍、胡震亨《秘冊彙函・總目》收書二十二種計算，佔了四分之三以上。

但是，毛晉並非將全部獲至《秘冊彙函》的版片，全部重新刊入《津逮秘書》之中，例如陸游的《南唐書》，就刊入汲古閣本的《陸放翁全集》之中。

至於《山海經圖讚》附〈補遺〉、《於陵子》、《銅劍讚》、《易辭》四書的版片，是否全毀於祝融之災，不得而知。只知毛晉並未根據其他版本，重新刊入《津逮秘書》中。

第五節 編排、版式、行款

一、編排

在編排上，有的研究者認為《津逮秘書》是用「以類相從」的方式進行編排。[31]

但筆者卻認為，從上表所述，《津逮秘書》著錄之書，大抵除了第一集收錄「詩類」、第二集收錄「易類」、第五集收錄「詩話」、第十一集收錄「小說」、第十二、十三集收錄「題跋」，是按照「以類相從」的編排方式之外，其餘的並非如此，甚至於在一集之中有經、史、子跨部收錄的情形。所以嚴格說來，《津逮秘書》並非完全是按照「以類相從」的方式來編排，只能說每集之中收錄的書籍，儘可能依「以類相從」的原則編排；各集之間則按經、史、子、集的順序排列。

全書在最前面有〈《津逮秘書》十五集總目〉，接著是胡震亨〈小引〉和〈題辭〉、毛晉〈《津逮秘書》序〉。各集中又有〈集目〉。每一書在正文之前，如有〈序文〉、作者小傳、沈士龍和胡震亨的〈題辭〉或〈引文〉、〈目錄〉，則放在前面；〈後序〉、沈士龍和胡震亨〈後跋〉、毛晉〈識語〉放在最後，順序略有不同。筆者舉幾部書為例：

一、《子夏詩序》，前面有陳函輝撰的〈毛詩津逮序〉，接著就是正文，最後附有毛晉〈識語〉。

---

[31] 例如：李春光〈毛晉和《津逮秘書》〉：「全書以類相從進行編排，如第一集屬於經部詩經類，第二集屬於經部易類，第五集屬於詩話類，第十五集屬筆記類等。」《圖書館論壇》第22卷第5期（2002年10月），頁177。

二、《韓詩外傳》，前面有〈韓嬰本傳〉，後接正文，最後附有
　　毛晉〈識語〉。

三、《毛詩草木鳥獸蟲魚疏廣要》，前有毛晉撰寫的〈序文〉，
　　其次是〈目錄〉、正文，最後附有毛晉〈識語〉。

四、《齊民要術》，前面有〈序文〉一篇，後接正文、〈後
　　序〉、沈士龍和胡震亨的〈後跋〉。

五、《佛說四十二章經》，只有正文的部分。

六、《道德指歸論》一書，內容排列的順序為谷神子〈序〉、劉
　　鳳〈序〉、沈士龍和胡震亨的〈題辭〉、正文。

七、《漢雜事秘辛》，內容的排列順序為沈士龍和胡震亨的〈題
　　辭〉、正文、包衡彥、姚士粦、沈士龍三人的〈跋語〉。

八、《唐國史補》，內容的排列順序為〈序文〉、〈目錄〉和
　　正文。

　　凡「汲古閣」刻本，每書每卷的首行，頂格題書名、卷數。
若有作者之朝代、郡望、職官和姓名、字號、別稱，有的僅題於
首卷次行，有的每卷次行皆題；若有校訂者或增補者，大多題於
首卷第三行，有的在次行，有的每卷皆題。例如：《詩序》全書
只有一卷，所以僅於首行頂格題書名「《詩序》」，未題卷數。
《陸氏草木鳥獸蟲魚疏》，每卷首行頂格題書名和卷數，首卷次
行題「唐　吳郡陸璣元恪　撰」，首卷三行題「明　海隅毛晉子
晉　參」。《焦氏易林》，每卷首行頂格題書名和卷數，首卷次
行題「漢　小黃令焦贛延壽撰」。《全唐詩話》每卷首行頂格題
書名和卷數，首卷次行題「明海虞毛晉子晉訂」。《西京雜記》
全書六卷，各卷首行頂格題書名和卷數，次行題「晉丹陽葛洪

集　明海虞毛晉訂」，其各卷次行僅題「丹陽葛洪集」。《春渚紀聞》每卷首行頂格題書名和卷數，首卷次行題「宋　韓青老農何薳撰」，首卷三行題「明　虞鄉老農毛晉訂」。《茅亭客話》一書，每卷首行頂格皆題書名和卷數，次行題「宋　江夏　黃休復　集」，三行題「明　海虞　毛晉　訂」。

至於卷尾，有的在每一卷的卷末，題上書名及該卷卷數，並加小字「終」表示該卷結束，有的未加小字「終」，也有的因正文已刻至最末，只能在下方刻上小字「卷終」或「終」，還有「終」字並非為小字者。例如：《韓詩外傳》在每卷卷末，均題書名作「《詩外傳》」並著錄卷數，後附上小字「終」，像第一卷即題「《詩外傳》卷之一終」的字樣，最後一卷為第十五卷，但因為正文部分已刻至最後一行，故僅在最末端刻一小字「終」。《毛詩草木鳥獸蟲魚疏廣要》一共四卷，在「卷上之上」、「卷上之下」、「卷下之下」卷末均題書名和卷數，並附上小字「終」，但「卷下之上」卷末並未附上小字「終」，疑似漏刻。《詩地理攷》共有六卷，在〈詩地理總說〉的卷末，題篇名「〈詩地理總說〉」並附上小字「終」。在卷一、卷二末僅題書名和卷數，在卷三、卷五末題書名和卷數並附上小字「終」，卷四因為正文已經刻至末行，故在下端刻小字「卷終」，卷六末未刻，在單一書內的體例就已經極不一致。《周易集解》十七卷，全書除了卷五、卷九、卷十六在卷末僅題書名和卷數外，其餘的在書名和卷數後，均附上小字「終」。《法書要錄》十卷，卷一、卷二在卷末刻書名、卷數，並附「終」字，此「終」字並非為小字。卷三、卷四、卷六、卷七、卷八、卷九在卷末僅刻書名和卷數。卷五在卷末刻書名、卷數，並附上小字「終」。卷十

末一字未刻。全書只有一卷的，如《滄浪詩話》，在卷末題書
名，並附加小字「終」。《後山詩話》、《彥周詩話》、《二老
堂詩話》、《紫薇詩話》等和《滄浪詩話》相同。《樂府古題要
解》在每卷卷末均只題書名和卷數。《春渚紀聞》，在每卷卷末
均題書名和卷數，後附上小字「終」。但是有的也沒有在卷末題
字。如《詩序》、《詩攷》、《六一詩話》等。

　　「綠君亭」的刻本，「《葬經》〈葬經翼〉附」一書，在
各卷首行頂格題專名，次行題作者。例如：〈青烏先生葬經〉，
在首行頂格題書名，次行題「金丞相兀欽仄註」，〈古本葬經
內篇〉、〈難解二十四篇〉、〈葬經翼〉與此相同。至於卷
末，〈青烏先生葬經〉、〈難解二十四篇〉、〈葬經翼〉未刻，
〈古本葬經內篇〉刻「〈葬經內篇〉終」。《洛陽伽藍記》全
書五卷，在〈《洛陽伽藍記》敘〉次行題「魏撫軍府司馬楊衒之
撰」，之後在各卷中均未題作者姓氏。各卷首行頂格題書名和卷
數。至於卷末，卷一、卷二未刻，卷三、卷四題書名和卷數，卷
五題書名和卷數，並附小字「終」。

　　「《秘冊彙函》」的刻本，卷首、卷末的題刻皆和原來相
同，唯校訂者改成「明胡震亨、毛晉同訂」。每書每卷的首行，
頂格題書名、卷數。若有作者之朝代、郡望、職官和姓名、字
號、別稱，有的僅題於首卷次行，有的每卷次行皆題；若有校訂
者或增補者，大多題於首卷第三行，有在次行，有的每卷皆題。
例如：《齊民要術》六卷，每卷首行頂格題書名和卷數，次行題
「後魏高陽太守賈思勰撰」。在卷末方面，卷一、卷二、卷七、
卷八、卷九未題刻，卷三至卷六題書名和卷數，卷十題書名和卷
數，並附加小字「終」。《益部方物略記》一卷，卷首行頂格題

書名和卷數，次行題作者和校訂者：「宋宋祁撰　明胡震亨、毛
晉同訂」，在卷末未題刻。《歲華紀麗》四卷，每卷首行頂格題
書名和卷數，首卷次行題「唐韓鄂撰　明胡震亨、毛晉同訂」，
卷二至卷四行僅題「唐韓鄂撰」。卷一至卷三的卷末，均題書名
和卷數，卷四末未題刻。《佛國記》全書一卷，卷首行題書名，
次行題「宋釋法顯撰　明胡震亨、毛晉同訂」。卷末未題刻。
《大唐創業起居注》三卷，每卷首行頂格題書名和卷數，次行題
「唐陝東道大行臺工部尚書上柱國樂平郡開國公臣溫大雅撰」，
三行題「明毛晉、胡震亨同校」。卷一、卷三末未題刻，卷二末
題書名、卷數。

二、版式和行款

　　《津逮秘書》的版式、行款，筆者將其主要分成四類：

（一）原《秘冊彙函》本

　　在版式、行款上，理所當然和《秘冊彙函》完全相同。每半
葉九行，每行十八字，白口，左右雙欄，版心中題書名、卷數及
頁數。但在編排上，《津逮秘書》和《秘冊彙函》卻有所不同：
一、《津逮秘書》並非完全依照《秘冊彙函》原本刊刻。例如：
　　《周氏冥通記》一書，《秘冊彙函》本前有〈陶貞白進《周
　　氏冥通記》啟〉一文，而《津逮秘書》本則無；《秘冊彙
　　函》本在各卷均題「明沈士龍、胡震亨同校」，而《津逮秘
　　書》本只在第一卷重題「明胡震亨、毛晉同訂」。《歲華紀
　　麗》一書，原《秘冊彙函》本有〈總目〉，而《津逮秘書》
　　本卻沒有。而在卷四末，《秘冊彙函》本題有「《歲華紀

麗》卷第四終」的字樣，而《津逮秘書》無。又《益部方物略記》一書，原《秘冊彙函》本前有〈題《益部方物略記》〉一文，而《津逮秘書》本則沒有。又《津逮秘書》本在最後有胡震亨所撰的〈題跋〉，而原先的《秘冊彙函》本沒有。未收錄的部分，不知是毛晉刻意未收，還是原先的版片盡燬，不得而知，但筆者認為是前者的可能性較大。至於未刻或重題的字樣，應是毛晉在刊刻時刮去以及刮去後重新刻上的。

二、在順序上很可能有所不同。例如《秘冊彙函》是將附錄放在正文或〈總目〉、〈目錄〉的前面，例如：《山海經圖讚》所附的〈補遺〉、《南唐書》所附的〈音釋〉，均是如此。雖然《津逮秘書》未收入這兩本著作，但從《周髀算經》的形式看來，卻是將附錄的〈音義〉放在正文之後。這點是不符合《秘冊彙函》的著錄方式。可惜的是，筆者無法親見《秘冊彙函》的原刊本，只能根據嚴一萍選輯的《百部叢書集成》當中的《秘冊彙函》當作判斷的依據，而此書卻偏偏又未選錄《周髀算經》，使得筆者無法以原件做為有力的判斷證據，只能依照《山海經圖讚》、《南唐書》的著錄編排方式來推測。

（二）汲古閣刻本

在《津逮秘書》當中，所用汲古閣的刻本是最多的，一共有一百二十六種。這些版式，卻又有所不同：

1、版心較寬，下方題「汲古閣」的版本：

此版式又有二：

　　一為每半葉九行，每行十九字，左右雙欄，線魚尾，花口，在象鼻中刻書名，在版心中刻雙行小字，第一行刻卷數，第二行刻頁數，版心下刻汲古閣字樣。例如：《詩地理攷》第一卷第一頁，在象鼻中刻書名「《詩地理攷》」，版心中第一行刻卷數「卷之一」，第二行刻頁數「一」，版心下刻「汲古閣」。此版式是《津逮秘書》中最常見的版式。

　　另外，由於《癸辛雜識前集》、《後集》、《續集》、《別集》分成四書，所以它在版式上的著錄，是在象鼻中刻書名統稱，在版心中刻單行小字，前面表示書名專稱，後面表示頁數，最下方刻汲古閣的字樣。例如：《癸辛雜識前集》第二十九頁，在象鼻中刻《癸辛雜識》的書名統稱，在版心中刻小字《前集》二十九，《前集》即表示書名的專稱，使人一目明瞭這是《癸辛雜識前集》，二十九即是頁數。最下方刻汲古閣的字樣。

　　二為每半葉八行，每行十九字，左右雙欄，線魚尾，花口，在象鼻中刻書名，在版心中先刻大字，如卷數在二卷以上，則刻有雙行小字，第一行刻卷數，第二行刻頁數。若只有一卷者，則卷數刻大字，頁數刻小字。版心下刻「汲古閣」字樣。例如：《古文參同契集解》卷上上第二十一頁，在象鼻中刻書名《參同契》，在版心中先刻大字「卷上」，之後刻雙行小字，第一行刻「上」，表示是卷上的上篇，第二行刻「二十一」，說明是第二十一頁。下方題「汲古閣」的字樣。

2、版心較窄，下方題「汲古閣」的版本：

　　此版式亦有二：

　　一為每半葉九行，每行二十一字，左右雙欄，線魚尾，花

口，在象鼻中刻書，版心中先刻大字表示卷數，後刻小字表示頁數。版心下刻「汲古閣」字樣。此版式只有《易釋文》一書。例如：《易釋文》卷全第九頁，在象鼻中刻書名《易釋文》，在版心上先刻卷全，表示全書只有一卷，在卷數下方小字刻「九」以示第九頁，下方刻「汲古閣」的字樣。《易釋文》的版式與毛晉刊《十三經》的版式相同，故疑此書原先毛晉是置於《十三經‧周易》之末，後移至《津逮秘書》第二集之中。[32]

二為每半葉八行，每行十九字，左右雙欄，線魚尾，花口，在象鼻刻書名，在版心中先刻大字，如卷數在二卷以上，則刻有雙行小字，第一行刻卷數，第二行刻頁數。若只有一卷者，有的卷數刻大字，頁數刻小字，有的未刻卷數，直接刻小字表示頁數。版心下刻「汲古閣」。例如：《通占大象曆星經》卷上第一頁，象鼻中刻書名《星經》，版心中先刻大字「卷上」表示是上卷，之後刻小字「一」表示第一頁，版心下刻「汲古閣」的字樣。又《玄女經》全書只有四頁，此書在象鼻中刻書名《玄女經》，在版心中未刻卷數，直接刻小字「一、二、三、四」表示一、二、三、四頁，版心下方刻「汲古閣」的字樣。其他如《胎息經》、《握奇經》、《五木經》、《女孝經》、《丸經》、《忠經》、

---

[32] 此說根據孔毅：〈汲古閣刻本《津逮秘書》雜考〉：「今按毛氏刊《十三經》以北監本為底本，北監本《公羊》、《穀梁》、《論語》俱無《釋文》，《易釋文》亦不攙入經注，附在九卷之末。檢汲古閣本《周易》，後卻無《釋文》，而《津逮秘書》中《易釋文》半頁九行行二十一字，每卦首行頂格，次行起低一格，板框較《津逮》第二集其餘九種小一釐米，凡此諸特點，都與汲古閣刊《十三經》版式相同，顯然，毛氏刊此書原疑置《十三經‧周易》之末，以合監本格式，後移於《津逮秘書》二集，以成十易之數。」，頁68。

《宅經》等頁數較少的書籍，其版式皆與《玄女經》相同。

3、在每卷首頁、末頁版心刻汲古閣毛氏正本，其餘在版心刻書名、卷數、頁數者：

每半葉十一行，每行二十一字，左右雙欄，黑魚尾，白口，版心亦較窄。《津逮秘書》中僅有《樂府古題要解》是此版式。《樂府古題要解》分成上、下二卷，以上卷為例，總共有十五頁。它在第一頁和第十五頁的版心中，先刻上「汲古閣」，之後有一方形鈐印，上面刻「毛氏正本」的字樣。之後再刻上頁數。其餘的第二至第十四頁，版心均刻書名「《樂府古題》」、卷數「上」和該頁頁數。

4、在每卷首頁、末頁版心刻汲古閣字樣，其餘在版心中刻卷數及頁數者：

《津逮秘書》中僅有《春渚紀聞》是此版式。每半葉八行，每行十九字，左右雙欄，線魚尾，花口，在象鼻中刻有書名。例如卷三共有二十三頁，每頁在象鼻中均刻上書名《春渚紀聞》，第一頁和第二十三頁在版心中刻「汲古閣」的字樣，下方刻「一」、「二十三」表示頁數。其餘的二至二十二頁，均在版心中刻「卷三」　表示卷數，下方刻「二」、「三」、「四」……「二十二」表示頁數。

（三）綠君亭本

綠君亭也是毛晉刊刻書籍時的署名。《津逮秘書》中，《葬經》〈葬經翼〉附、《洛陽伽藍記》兩書屬於「綠君亭」的版

式，但兩者之間又有些許的差別。

「《葬經》〈葬經翼〉附」一書，其中《葬經》包括了〈葬圖〉、〈青烏先生葬經〉、〈古本葬經內篇〉、〈難解二十四篇〉四個部分，它的版式：每半葉八行，每行十八字，四周單欄，無行界、魚尾，版心中上方刻專稱，下方雙行，首行刻「綠君亭」，次行刻頁數。以〈難解二十四篇〉三十頁為例，在版心上方刻有專名「〈難解〉」，下方首行刻「綠君亭」，次行刻「三十」表示頁數。

《洛陽伽藍記》一書，每半葉八行，每行十八字，四周單欄，版心上下無界欄，亦無行界、魚尾，版心中上方刻書名、卷數，下方雙行，首行刻「綠君亭」，次行刻頁數。和《葬經》〈葬經翼〉附的差別，在於版心無上下界欄。以卷五頁十七為例，在版心上方刻書名《洛陽伽藍記》卷數「卷五」，下方首行刻「綠君亭」，次行刻頁數「十七」。

（四）《輟耕錄》本

這個版式並無法明確判斷是何種刊本，而且體例混亂。每半葉十行，每行二十一字，有的版式有線魚尾，有的則無。有魚尾處，在象鼻中刻有書名，版心中雙行，首行刻卷數，次行刻頁數。無魚尾處，版心上方刻書名，版心中雙行，首行刻卷數，次行刻頁數。以第二卷頁一、二、三、四為例，第一、二頁有線魚尾，在象鼻中刻有書名《輟耕錄》，版心中首行刻卷數「第二卷」，次行刻頁數「一」、「二」。第三、四頁無魚尾，在版心上方刻有書名《輟耕錄》，中間首行刻有卷數「第二卷」，次行刻「三」、「四」表示頁數。

　　《國家圖書館善本書志初稿－叢書部》中有記載《津逮秘書》的版式、行款，不過卻只注重在「汲古閣」刻本中最常見的每半葉九行、每行十九字的格式：

> 版匡高19.1公分，寬14.3公分。左右雙邊。每半葉九行，行十九字。註文小字雙行，字數同。版心白口，最上方記子目書名（如「《詩序》」），中間記卷第／葉次，下書口記「汲古閣」，間有刻工名／每葉字數。刻工名：恆、隱、呂、汪、范等。[33]

　　這個板式，有些地方和筆者的認定不同。像筆者認為線魚尾的上方刻有文字者即是花口。但此著錄並不主張有線魚尾，卻認為有白口。筆者認為，既無魚尾，理當不應有白口。所以如果不認為有線魚尾的存在，那麼就毋需言及白口，才是合理正確的。

第六節　《津逮秘書》的版本和現藏概況

　　《津逮秘書》的版本，最早是明崇禎中虞山毛氏汲古閣刊本，其次是民國十一年（1922年）上海博古齋據明汲古閣影印本。關於這兩個版本的典藏情形，筆者就所能查尋的圖書資料及線上搜尋，敘述如下：

　　中國大陸地區的收藏情形，《中國古籍善本書目－叢部》著錄全本的「明崇禎中虞山毛氏汲古閣刊本」共計有北京圖書館

---

[33] 國家圖書館特藏組編：《國家圖書館善本書志初稿－叢書部》（臺北：國家圖書館，民國89年5月），頁93-94。

（現今大陸地區國家圖書館）、北京大學圖書館、中國人民大學圖書館、北京師範大學圖書館、中央民族學院圖書館、中國科學院圖書館、中國社會科學院文學研究所、故宮博物院圖書館、公安部群眾出版社、中共北京市委圖書館、北京市文物局、上海圖書館、復旦大學圖書館、華東師範大學圖書館、上海辭書出版社圖書館、天津圖書館、天津師範大學圖書館、山西省河津縣圖書館、山西省祁縣圖書館、內蒙古師範大學圖書館、遼寧省圖書館、吉林省圖書館、東北師範大學圖書館、吉林省社會科學院圖書館、哈爾濱師範大學圖書館、西北民族學院圖書館、青海省圖書館、新疆大學圖書館、中國科學院新疆分院圖書館、山東省圖書館、青島市圖書館、浙江圖書館、天一閣文物保管所、安徽省圖書館、安徽大學圖書館、安徽師範大學圖書館、江西省圖書館、福建省圖書館、廈門大學圖書館、河南省圖書館、武漢大學圖書館、華中師範學院（今華中師範大學）圖書館、湖南省圖書館、廣東省中山圖書館、華南師範大學圖書館、廣東省社會科學院圖書資料室、廣西壯族自治區桂林圖書館、廣西壯族自治區博物館、四川省圖書館、重慶市圖書館、重慶市北碚區圖書館、四川大學圖書館、四川師範學院（今四川師範大學）圖書館、西南師範學院（今西南大學）圖書館、重慶市博物館、雲南省圖書館、昆明師範學院圖書館五十七處。[34]

　　《中國叢書綜錄》著錄全本的「明崇禎中虞山毛氏汲古閣刊本」共計有北京圖書館（現今大陸地區國家圖書館）、中國科

---

[34] 中國古籍善本書目編輯委員會編：《中國古籍善本書目－叢部》（上海：上海古籍出版社，1998年3月），頁742-743。

學院圖書館、北京大學圖書館、北京師範大學圖書館、上海圖書
館、復旦大學圖書館、華東師範大學圖書館、上海辭書出版社圖
書館、天津市人民圖書館、遼寧省圖書館、青島市圖書館、南京
市圖書館、蘇州市圖書館、安徽省圖書館、浙江圖書館、福建省
圖書館、河南省圖書館、武漢大學圖書館、廣東省中山圖書館、
重慶市圖書館、四川大學圖書館、雲南省圖書館、廣西壯族自治
區第一圖書館、廣西壯族自治區第二圖書館、中央民族學院圖
書館二十五個地方。清華大學圖書館、四川省圖書館則藏有殘
本。[35]

　　《中國古籍總目》著錄中國國家圖書館（清李慈銘校並跋，
又一部傅增湘校並跋）、中國科學院圖書館、上海圖書館、天津
圖書館、遼寧省圖書館、山東省圖書館、河南省圖書館、臺灣國
家圖書館（清何焯批校題記）藏有「明崇禎間毛氏汲古閣清初彙
印本」；中國國家圖書館、北京大學圖書館、上海圖書館、復旦
大學圖書館、天津圖書館、遼寧省圖書館、南京市圖書館、浙江
省圖書館、湖北省圖書館藏有「民國十一年（1922年）上海博古
齋影印毛氏汲古閣刻本」。[36]

　　另外，根據山西省圖書館編的《山西省圖書館普通線裝書目
錄》的著錄，可知該館藏有民國十一年（1922年）上海博古齋影
印明汲古閣本。[37]

---

[35] 上海圖書館編：《中國叢書綜錄》（上海：上海古籍出版社，1982年12
月），頁960-961。

[36] 中國古籍總目編纂委員會編：《中國古籍總目・叢書部》（北京：中華
書局、上海：上海古籍出版社，2009年10月），頁221。

[37] 山西省圖書館編：《山西省圖書館普通線裝書目錄》（太原：北岳文藝
出版社，1998年12月），頁991。

在臺灣方面，國立中央圖書館特藏組（現今為國家圖書館特藏組）編《國立中央圖書館善本書目》的著錄，可知國立中央圖書館（今國家圖書館）藏有「《津逮秘書》七百五十三卷、一百四十四冊，明毛晉編，明崇禎庚午（三年）（1630年）虞山毛氏汲古閣刊本。」[38]又在網路搜尋上，從國家圖書館的網頁得知典藏有「《津逮秘書》民國十一年（1922年）上海博古齋影印本。」[39]

《臺灣公藏普通本線裝書目書名索引》的著錄，可知中央研究院歷史語言研究所的傅斯年圖書館藏有「《津逮秘書》一百四十一種，明毛晉輯，民國十一年（1922年）上海博古齋影印據明汲古閣本」。[40]再根據中央研究院歷史語言研究所編印的《中央研究院歷史語言研究所普通本線裝書目》之記載「《津逮秘書》一百四十一種、二百冊，明毛晉輯，民國十一年（1922年）上海博古齋據明汲古閣本影印」[41]可進一步得知此套叢書共為二百冊。

此外，臺灣大學圖書館透過網路的搜尋，得知藏有「明末虞山毛氏汲古閣刊《津逮秘書》本」。[42]

又依王重民輯錄、袁同禮重校的《美國國會圖書館藏中國善本書目》[43]、沈津《美國哈佛大學哈佛燕京圖書館中文善本書

---

[38] 國立中央圖書館特藏組編：《國立中央圖書館善本書目》（臺北：國立中央圖書館，民國75年12月），頁1722。

[39] 請查尋國家圖書館網頁http://www2.ncl.edu.tw/。

[40] 請參照國立中央圖書館特藏組編：《臺灣公藏普通本線裝書目書名索引》（臺北：國立中央圖書館，民國71年1月），頁496。

[41] 中央研究院歷史語言研究所編印：《中央研究院歷史語言研究所普通本線裝書目》（臺北：中央研究院歷史語言研究所，民國59年11月），頁43。

[42] 請查尋臺灣大學圖書館網頁http://www.lib.ntu.edu.tw/default.htm。

[43] 王重民輯錄、袁同禮重校：《美國國會圖書館藏中國善本書目》（永和：文海出版社，民國61年6月），頁680。

志》[44]中的記載，得知美國國會圖書館、哈佛大學燕京圖書館均典藏有明崇禎毛氏汲古閣刻本的《津逮秘書》。

現今使用性最高的叢書為嚴一萍選輯的《百部叢書集成》，其中的第二十二部即為《津逮秘書》，民國五十五年出版。但由於收錄的原則，將重覆的書籍僅擇最早或最佳版本著錄，故此套叢書中的《津逮秘書》並非全本。

日本京都的中文出版社曾據上海博古齋本影印，並補上原先嗣出的《金石錄》、《墨池編》兩書，改題名《增補津逮秘書》，於1980年2月出版，是目前流通較廣、較易查看的全帙本。

第七節 特色、價值和缺失

一、特色和價值

《津逮秘書》的特色和價值，最主要有以下幾點：

（一）所收的書籍多是足本

毛晉《津逮秘書》所收錄的書籍，多是首尾俱全的書籍，如果有收錄不全之書，也絕非故意刪削，只是未見到最佳的本子，並以此做為底本。明代許多早期的叢書，如《古今說海》、《寶顏堂秘笈》、《夷門廣牘》、《唐宋叢書》、《歷代小史》等多收不足之本，而《津逮秘書》卻一反這種割裂刪節之陋習，力求首尾完備，的確相當具有前瞻性的眼光。

---

[44] 沈津：《美國哈佛大學哈佛燕京圖書館中文善本書志》（上海：上海辭書出版社，1999年2月），頁821。

（二）所收之書多為罕見之書

毛晉在《津逮秘書‧序》中言道：「味不貴多而貴奇，書不貴廣而貴秘。」[45]認為所收錄的書「皆玉珧紫弦，非尋常菽粟也。」[46]可知收載秘書是編輯這一套叢書的宗旨之一，這也是其稱為「秘書」的原因。如《四十二章經》、《風騷旨格》、《冥通記》等，《四庫全書》並未著錄。雖然此書是以搜輯罕見之書為主，但並非是為了獵奇，而是著重實用方面。例如筆者在前面所述，毛晉所輯的宋代史料筆記，很多可以補宋史的不足，而像《湘山野錄》、《茅亭客話》到了清代乾嘉時期也不多見。

（三）注重選擇的版本

一般而言，毛晉多選用宋元舊刻和比較完善的舊抄本，這可以根據毛晉所撰的各書〈識語〉得知。例如：《爾雅鄭註》：「余家向藏抄本，未甚精確，客秋泛錫山購得殘編數簏，獨斯帙完好，實南宋善版，狂喜，竟日亟授梓人。」[47]可見《爾雅鄭註》是根據南宋善本付梓。《癸辛雜識前集》：「余向酷嗜是書，可與《芥隱筆記》、《南邨輟耕錄》並傳。苦坊本舛謬，喜閔康侯緘正本見示，亟梓。」[48]毛晉見坊間刻本謬訛很多，後得

---

[45] 〔明〕毛晉：《津逮秘書‧序》。見〔明〕毛晉輯：《增補津逮秘書》，頁13。

[46] 〔明〕毛晉：《津逮秘書‧序》。見〔明〕毛晉輯：《增補津逮秘書》，頁14。

[47] 〔明〕毛晉：〈《爾雅鄭註》識語〉。見〔明〕毛晉輯：《增補津逮秘書‧爾雅鄭註》，頁488-489。

[48] 〔明〕毛晉：〈《癸辛雜識前集》識語〉。見〔明〕毛晉輯：《增補津

閔康侯的正本才刊刻。又《芥隱筆記》：「抄購宋刻數種，得快睹斯編，雖借字母以析疑，實本意匠而傳妙。」[49]也是根據宋刊本校刻。

（四）校勘的態度認真

　　《津逮秘書》雖在校勘方面的精審程度比不上清代輯刻的叢書，但若和明代的叢書相較，《津逮秘書》在校勘上的確下了一番的功夫。例如：在〈《爾雅鄭註》題語〉云：「其間淆訛，如刾、剩，薔、密，蚇、蚈，甌、甌之類，一一更芝。又如弇同也，葦醜，芳；蛭、螾；倉庚，鵷黃也。及由膝以下為揭，由膝以上為涉，由帶以為厲，數條俱已脫落，未見其注，何似不敢妄補，始信落葉難掃，雖宋刻不無遺憾云。」[50]毛晉在宋本的《爾雅》中，發現了刾、剩，薔、密等字的淆訛，一一進行更正，又發現有數處脫漏，並深感嘆雖是宋刻，仍有所缺憾。又〈《東觀餘論》識語〉指出：「坊賈技倆，偽謬脫簡甚多。」[51]發現其中不少的錯誤。這些都說明了毛晉在校勘上採取的是謹慎認真的態度，即使是宋本也不輕信。

逮秘書・癸辛雜識前集》，頁7847。

[49] 〔明〕毛晉：〈《芥隱筆記》識語〉。見〔明〕毛晉輯：《增補津逮秘書・芥隱筆記》，頁4638。

[50] 〔明〕毛晉：〈《爾雅鄭註》識語〉。見〔明〕毛晉輯：《增補津逮秘書・爾雅鄭註》，頁489。

[51] 〔明〕毛晉：〈《東觀餘論》識語〉。見〔明〕毛晉〕毛晉輯：《增補津逮秘書・東觀餘論》，頁3122。

（五）大部分各書之後附有〈識語〉

毛晉在各書之後，大多附有〈識語〉，說明了得書經過、版本、作者、內容，並有所議論。例如前面所舉的《爾雅鄭註》、《癸辛雜識前集》和《芥隱筆記》的〈識語〉，皆和版本有關。此外，例如〈《毛詩草木鳥獸蟲魚陸疏廣要》識語〉云：

> 右《毛詩疏》二卷，或曰吳太子中庶子烏程令陸璣作也，或曰唐吳郡陸璣作也。陳氏辨之，曰其書引《爾雅郭璞注》，則當在郭之後，未必吳時人也，但諸書援引多誤作機。案機，字士衡，晉人，本不治《詩》，則此書為唐人陸璣，字元恪者所撰無疑矣。後世失傳，不得其真，故有疑為贗。[52]

對於《毛詩草木鳥獸蟲魚陸疏廣要》一書的作者，論證精詳。在〈《老學庵筆記》識語〉：「補史之遺，而糾史之謬。」[53]說明了此書的價值在於補史之遺缺和錯誤。在〈《本事詩》識語〉云：「宋計有功《唐詩紀事》一書，……其詳于載詩，略于紀事。」[54]即對書中的內容提出議論。從這些都可以看出毛晉所撰〈識語〉的作用與價值。

---

[52] 〔明〕毛晉：〈《毛詩草木鳥獸蟲魚陸疏廣要》識語〉。見〔明〕毛晉輯：《增補津逮秘書・毛詩草木鳥獸蟲魚陸疏廣要》，頁319。

[53] 〔明〕毛晉：〈《老學庵筆記》識語〉。見〔明〕毛晉輯：《增補津逮秘書・老學庵筆記》，頁6202。

[54] 〔明〕毛晉：〈《本事詩》識語〉。見〔明〕毛晉輯：《增補津逮秘書・本事詩》，頁5392。

二、缺失

　　當然，毛晉輯的《津逮秘書》，並非盡善盡美，也有它的缺失，最大的問題，在於有些書籍在校勘上並未精細。雖然毛晉的校勘態度認真、精細，但難免有疏忽之處。比方黃丕烈在校宋本《卻掃編》三卷時說：

> 徐度《卻掃編》三卷，……今余聞平湖錢君夢廬新得宋本，急作書往借之，果宋刻，本為書棚本，不知與絳雲原本同乎？異乎？取校毛刻，多所是正者，首有〈序文〉一篇，毛所無也，影寫補之。……嘉慶十九年重九日，至吳門訪黃主政復翁于舊學前，復翁以其手校《卻掃編》見示，蓋從平湖錢夢廬所得宋刊本，對校于毛刻者，復以舊藏穴硯齋寫本重勘，讀其跋尾，具見用意之勤，余欣賞久之，借歸紫微講舍，適案頭有張氏照曠閣刻本，遂取而臨校一過。其〈自序〉一篇，張刻卻不知據何本所錄，張刻且多一跋，系嘉泰壬戌邵康作，而毛刻及錢氏宋本、穴硯齋舊鈔皆無之，可見藏書不嫌重複也。[55]

　　從黃丕烈的〈題跋〉得知，毛晉《津逮秘書》中的《卻掃編》一書，缺少〈序文〉和邵康〈跋〉二文，並非完帙，殊為可惜。另外，黃丕烈也發現毛本中有許多的訛字需要改正。

　　胡玉縉《四庫全書總目提要補正・卷四十一・小說家類一・

---

[55] 〔清〕黃丕烈著、潘祖蔭輯、周少川點校：《士禮居藏書題跋記》（北京：書目文獻出版社，1989年8月），頁139-142。

輟耕錄三十卷》云：

> 沈濤《十經齋文集·元槧本南村輟耕錄跋》云：「陶南
> 村《輟耕錄》，海虞毛氏刻入《津逮秘書》中，蓋據成
> 化間華亭彭氏之本，末有成化己丑中秋日華亭彭瑋跋語，
> 予在洛州得一本，於帝后、太子等字皆空一格，其標題曰
> 「《南村輟耕錄》」，蓋元時初刊本，前有《青溪野史》
> 邵亭貞〈募刻疏〉一篇，為毛本所無，目錄後有「凡五百
> 捌拾肆事」一語，較毛本二十二卷少「禽戲」一事，餘俱
> 相同。其中可訂毛本之誤者不一而足，即如第七卷〈官制
> 資品〉一條，「從七從仕郎」，考《元史·百官志》，文
> 散官四十二，有從事郎從七品，《元典章》作從仕，予所
> 見元人碑刻，皆作從仕郎，無作從事郎者，此本作仕，正
> 與《元典章》合，而毛本作事，蓋淺人據誤本《元史》所
> 改也。[56]

　　可知毛晉《津逮秘書》中的《輟耕錄》，前面缺少邵亭貞
〈募刻疏〉一篇，在文字上也有所訛誤。這兩例都是毛晉在刊刻
時的不慎之處。

　　在作者方面，《洛陽名園記》一書為李格非所作，毛晉誤為
李廌，這也是毛晉疏忽造成的。

　　此外，《津逮秘書》中有些版片漫漶，字跡模糊，也是它

---

[56] 〔清〕胡玉縉撰、王欣夫輯：《四庫全書總目提要補正》（上海：上海
書店，1998年1月），頁1124。

的缺點。例如：《小學紺珠》卷之七頁三至頁六，《滄浪詩話》的頁三十二，字跡均較其他模糊。《大唐創業起居注》卷三頁二十，有多處刮去的痕跡，也造成較難閱讀的缺點。

有些從事叢書研究的學者，因為毛晉《津逮秘書》收錄了一些受爭議的偽作，遂認為這是它的缺點之一。如李春光《古籍叢書述論》：「當然也必須指出毛晉所校之書還不夠精細，有不少疏略之處。……另外還收了一些偽書，這些都是毛晉的疏忽。」[57]孔毅〈汲古閣刻本《津逮秘書》雜考〉：「《津逮秘書》中有若干偽書，是一大遺憾，清人考出的不說，如《關氏易傳》、《正易心法》、《元命包》之類，宋人已言為偽書，毛氏不加考證，刊入叢書，以訛傳訛。更有甚者，《子貢詩傳》、《申培詩說》，姚士粦《見只編》、胡震亨《海鹽圖經》已考定為明代人所偽托，毛晉雖也懷疑，仍然刻板，編入《津逮秘書》，均為不慎。」[58]這種觀點，應是受《四庫全書總目》所附〈提要〉的影響。《津逮秘書》之〈提要〉云：「而所收近時偽本，如《詩傳》、《詩說》、《歲華紀麗》、《瑯嬛記》、《漢雜事秘辛》之類，尚有數種。」[59]筆者認為，這種說法，對毛晉是不公平的。因為毛晉編纂《津逮秘書》的宗旨之一，是搜輯罕見而具有實用性的書籍，只要符合這個條件，就可以編入，書籍本身是不是偽書，並不在毛晉考慮的範圍之內。再者，從辨偽的角度來看，探討偽書主要的目的在於使書籍還原自來的面目，但

---

[57] 李春光：《古籍叢書述論》（瀋陽：遼瀋書社，1991年10月），頁69。
[58] 孔毅：〈汲古閣刻本《津逮秘書》雜考〉，頁68。
[59] 〔清〕紀昀總纂：《四庫全書總目·卷一百三十四·子部四十四·雜家類存目十一》，頁3424。

並非涉及到內容的價值批判。

例如：眾所皆知的《偽古文尚書》，大多數的學者，認為它是晉人梅賾所偽作。辨偽的目的，在於使我們瞭解到這歷史的真相。但《偽古文尚書》在內容上，並非完全是偽作，有些是根據真實的材料所寫來的。也就是說《偽古文尚書》雖是偽作，但在內容上不一定是全偽。再者，它流傳了數千年的時間，對整個《尚書》學產生了莫大的影響，亦有它的研究價值，我們不能單憑它是晉人假手託古，就一概抹煞了它的價值。

又近年來地下文物的出土，帶動了學術界運用實物來考證紙上材料的真實性。郭店竹簡無疑是當今研究的顯學項目之一。其中的《老子》，約只有今本的三分之一，其在文字、內容上也和今本大不相同，可以證明《老子》一書的產生，不會遲於戰國晚期。但我們不能就此認為，郭店本的《老子》才是《老子》原本。因為古書在流傳當中，會經過許多人的修飾和增補，《老子》一書的流傳，是如何演變至今我們所見的傳本，我們實在不得而知，它只能代表《老子》的一個面向。而今本《老子》已經通行千年之久，它對於中國學術的影響，遠甚於郭店本的《老子》。我們可以說郭店本的《老子》，有助學界對《老子》一書再次的重新審思和研究，但絕不能因為它是目前發現最早的《老子》版本，就否定了之後所有的版本，甚至認為它們內容上和郭店本不合之處皆是偽作。

偽書產生的情形很多，有的是託古以流傳，有的是流傳時不慎所造成，有的是為了求賞而偽作。但是，偽書在內容上，有些仍有它的價值性，例如像經傳注疏、思想義理之類的書籍，大多都是假託他人名而已，目的是為了要使書籍能夠流傳，故託古

以顯其名。它們在內容上有精闢的見解之處，並不能因為是「偽書」而完全棄之不用。像《申培詩說》、《關氏易傳》、《子貢詩傳》等書，也都有相當程度的研究價值。所以筆者認為，從「偽書」這一點來評論《津逮秘書》的缺失，對毛晉來說是不公允的。

第八節　後人對《津逮秘書》的評價

　　整體說來，毛晉所輯刻的《津逮秘書》，無論從質或量方面來論，在明代都是屬於較好的叢書。《四庫全書總目》所附的〈提要〉云：

> 《津逮秘書》無卷數，內府藏本
>
> 　　明毛晉編。晉有《毛詩陸疏廣義》，已著錄。此為所纂叢書，分十五集，凡一百三十九種，中《金石錄》、《墨池篇》有錄無書，實一百三十七種。卷首有胡震亨〈序〉。震亨初刻所藏古笈為《秘冊彙函》，未成而燬於火，因以殘版歸晉，晉增為此編。凡版心書名在魚尾下用宋本舊式者，皆震亨之舊。書名在魚尾上，而下刻汲古閣字者，皆晉所增也。晉家富藏書，又所與遊者多博雅之士，故較他家叢書去取頗有條理。而所收近時偽本，如《詩傳》、《詩說》、《歲華紀麗》、《瑯嬛記》、《漢雜事秘辛》之類，尚有數種。又《經典釋文》割裂《周易》一卷，尤不可解。其題跋二十家，皆抄撮於全集之中，亦屬無謂。今仍分著於錄，而存其總名於此，以不沒

其蒐輯刊刻之功焉。[60]

《四庫全書總目》稱其「較他家叢書去取頗有條理」的確是有「蒐輯刊刻之功」。其餘如「《經典釋文》割裂《周易》一卷」、「題跋二十家皆入各家文集,不必纂輯收入」亦是很公允的評論。但對於「收近時偽本」一項的議論,筆者認為是不妥的,此點已在前面述論。

中國科學院圖書館整理《續修四庫全書總目提要(稿本)》,謝國禎撰寫的〈提要〉云:

> 《津逮秘書》十五集一百四十四種七百五十二卷明崇禎間汲古閣刻本
>
> 　　明毛晉編。晉初名鳳苞,晚更名晉,字子晉,常熟人。性嗜卷軸,湖州書舶,雲集於門,藏宋元佳槧,精本名鈔,構汲古閣、目耕樓以庋之。傳刻古書,流布海內,有《汲古閣所刻書目》,記載甚詳。是書彙輯宋元以前舊帙,以據胡震亨氏所輯《秘冊彙函》殘帙,重為刊成,據〈胡序〉云「余友虞山子晉毛君,讀書成僻,其好以書行,令人共讀,所鎪大典冊積如山,稗官小說家言,亦不啻數百十種,思購者零雜難舉,欲統為一函,而余鄉所與亡友沈汝納氏(沈士龍),刻諸雜書,未竟而殘於火者,近亦歸之君,因並合之,名《津逮秘書》以行。酈

---

[60] 〔清〕紀昀總纂:《四庫全書總目‧卷一百三十四‧子部四十四‧雜家類存目十一》,頁3424。

氏之《水經》云『積石之石室，有積卷焉，世士罕津逮者，今而後問津不遠，當不怪入其窟，披其簡者之為唐迷矣。』」按是書所收輯者，雖真偽雜陳，然書必全帙，較《說郛》、《百川學海》等書，已有進步，且漢唐著述，賴以流傳者不少。其後海虞張氏，即效效其意，刻《學津討原》等書，毛氏有開前啟後之功，即以此書而論，實不愧學術之津逮也。[61]

〈提要〉云〈胡序〉應改為〈題辭〉較為恰當。認為《津逮秘書》收有偽本是其缺點的觀點，等同於《四庫全書總目》之〈提要〉，這部分筆者已有論辨，如前述。至於優點有三：一、收書必定「全帙」，較之前的《百川學海》、《說郛》進步，此點確實在叢書趨向成熟的發展上有所貢獻。二、漢唐時期的著作，有很多是因這套叢書的收錄，得以流傳保存。三、後世的張海鵬在《津逮秘書》的基礎上擴充刊刻《學津討原》，有開前啟後之功。這三點都是很公允的評價。

王重民《中國善本書提要》云：

【《津逮秘書》七百四十六卷】
　　一百二十冊　　（《四庫總目》卷一百三十四）
　　（國會）
　　汲古閣刻本　〔九行十九字（18.7×13.1）〕

---

[61] 中國科學院圖書館整理：《續修四庫全書總目提要（稿本）・叢部・雜叢類・宋迄明・津逮秘書》（濟南：齊魯書社，1996年12月第30冊），頁12。

明毛晉輯刻。按是書有因於胡震亨《秘冊彙函》舊版者，毛氏所刻，有題汲古閣者，有題綠君亭者，非同時同地所刻，故行款不一律。全書凡十五集，一百四十種，內惟《金石錄》、《墨池編》未刻，故實有一百三十八種。此本有學翼主人〈題記〉，迻錄如後：

> 汲古閣藏書甲天下，較槧之精，世尤珍異。吳祭酒梅村贈以長歌，非虛為推服也。《津逮》一書，乃薈萃四部中人間罕見者，都為廿函。三百年來，流傳日少，嗜書者偶得之，視如拱璧云。此書先榮祿公任廣州時所購，字迹頗清晰，惟紙為烟燻，易脆破，閱時當加意愛惜之，願子孫永寶勿失。學翼主人識。

〈自序〉〔崇禎三年（一六三〇）〕

胡震亨〈序〉

〈又引〉[62]

王重民所撰寫的〈提要〉，著重在版式、行款、收書數目上的介紹，所引的學翼主人〈題記〉，「薈萃四部中人間罕見者」一語，直接將《津逮秘書》最主要的編纂宗旨道出，可謂一針見血。

之後學者對於《津逮秘書》正面的評價，也不會超出上述範圍。可喜的是，研究者除了給予《津逮秘書》正面的評價之外，亦對其有些書籍校勘不夠精細、版片漫漶、字跡模糊等缺失指

---

[62] 王重民：《中國善本書提要・子部・叢書類》（上海：上海古籍出版社，1983年8月），頁423。

出，給予了《津逮秘書》全面且公正的評價，這點筆者認為是極正確的，我們不能因為從事某一種事物的研究，就單憑主觀的好惡作為判斷的標準。而筆者對於這些《津逮秘書》的評論，只有認為將「收錄偽書」視是缺點為不妥之外，其餘對於前輩學者們的看法，皆極為贊同。

第三章　《學津討原》研究

第一節　命名

　　《學津討原》是張海鵬最先輯刻完成的叢書。關於它的命名，有二種說法：

一、張海鵬在《學津討原‧序》裡的說法，是取劉勰《新論》[1]
　　「道象之妙，非言不津，津言之妙，非學不傳。」[2]之意，
　　故取名為《學津討原》。

二、勞樹棠《學津討原‧序》：「取有關於經史實學、朝章
　　典故，足以廣見聞資考徵者，刻成叢書，名曰《學津討
　　原》。蓋本《學海》、《津逮》兩書之意，沿其流以尋其源
　　也。」[3]說明了「學」、「津」二字，分別取自於《百川學
　　海》、《津逮秘書》二書；「討原」二字即是「沿其流以尋
　　其源也」的意思。

　　筆者認為，既然「學」、「津」二字是各取《百川學海》、
《津逮秘書》當中的一個字；「討原」是「沿其流以尋其源也」
之意，這即是從字面意義所作的解釋。而《學津討原》本身就是

---

[1]　《新論》作者，一曰劉勰，一曰北齊時人劉晝。今依《學津討原‧序》
　　作劉勰。
[2]　〔清〕張海鵬：《學津討原‧序》。見〔清〕張海鵬輯：《學津討原》
　　第一冊（臺北：新文豐出版社，民國69年12月），頁6。
[3]　〔清〕勞樹棠：《學津討原‧序》。見〔清〕張海鵬輯：《學津討原》
　　第一冊，頁1。

承繼《津逮秘書》而來，符合「道象之妙，非言不傳，津言之妙，非學不傳」的意思，這是從內容的深層涵意來解釋。所以這二種說法，本身並不衝突。

第二節 刊刻緣由

張海鵬之所以走上刊刻古籍的道路，受同邑毛晉的影響很大。這點從黃廷鑑為張海鵬所撰寫的〈行狀〉就可以看出，而《學津討原》更是深受毛晉的影響，因為此書是直接承繼毛晉《津逮秘書》增刪修訂而來。張海鵬之所以刊刻《學津討原》的緣由，從下列所引述的文獻資料可以很清楚明白。

一、〈行狀〉云：

> 以汲古所刊經史外，惟《津逮秘書》十五集，為書林鉅觀，汰之益之，黜偽崇真，廣為二十集，名曰《學津討原》。開雕於嘉慶壬戌之秋，於甲子冬竣工。[4]

二、勞樹棠的《學津討原・序》云：

> 宋左禹錫裒雜說數十種，皆古人全帙，編《百川學海》十集，以十干為第。明季汲古毛氏刻《津逮秘書》，百有餘種，四部略備，皆宋元舊帙，分十五集，較《學海》已稱

---

[4] 〔清〕黃廷鑑：《第六弦溪文鈔・朝議大夫張君行狀》（臺北：藝文印書館，民國57年《百部叢書集成》影印《後知不足齋叢書》本），卷四，頁11-12。

該備。今張君因毛刻損益之，而去取及增入者，一以
《四庫》所收錄者為主，又廣購善本，詳為校核，合一千
四十餘卷，編成二十集，是較《津逮》而又為精贍矣。[5]

三、洪亮吉的《學津討原‧序》亦云：

張君若雲生于海隅，而耆古若渴，家藏書至數十萬卷，而
又校讐精審，登采謹嚴。其偽者黜之，無關切要者削之，
又益以家所藏及新購得者，共百來十餘種，刊布遠近，名
曰《學津討原》。雖本毛氏之書而增損之，而義例益嚴，
復加之考證，可云善之善者。[6]

綜合上述得知，張海鵬將毛晉的《津逮秘書》十五集，重
新汰之益之，並遵循「去偽存真」之意，除去其中偽作的部分，
補上家中原本所藏以及新購得者，合一千四十餘卷，廣編為二十
集，取名曰《學津討原》。從這一部叢書的命名，我們可以看
出，張海鵬對於承繼毛晉刻書事業，不但抱有遠大的志向，更具
有一種「捨我其誰」的使命感，因而成就了他刊行《學津討原》
這部叢書的壯舉，終其一生以剞劂古籍為己任。筆者想毛晉若地
下有知，亦會感到無比的欣慰！

---

[5] 〔清〕勞樹棠：《學津討原‧序》。見〔清〕張海鵬輯：《學津討原》
第一冊，頁1-2。

[6] 〔清〕洪亮吉：《學津討原‧序》。見〔清〕張海鵬輯：《學津討原》
第一冊，頁4。

第三節　刊刻時間

　　從上述的〈行狀〉亦可看出，《學津討原》刊刻的時間，是從嘉慶七年壬戌（1802年）秋天開始刊刻，至嘉慶九年甲子（1804年）冬天完成。但觀張海鵬自撰的《學津討原・序》，署時卻是「嘉慶十年乙丑（1805年）冬」[7]；又勞樹棠的《學津討原・序》，署時卻是「嘉慶十一年（1806年）歲次丙寅九月重陽後三日」[8]，二者卻與黃氏所云刊刻完成的時間不同。

　　其他各家，如楊家駱主編《叢書大辭典——附叢書總目類編》[9]、上海圖書館編《中國叢書綜錄》[10]、劉尚恆《古籍叢書概說》[11]、中國古籍善本書目編輯委員會編的《中國古籍善本書目－叢部》[12]、李春光〈張海鵬和《學津討原》〉[13]一文，皆署時「清嘉慶十年（1805）」。

---

[7]　〔清〕張海鵬：《學津討原・序》。見〔清〕張海鵬輯：《學津討原》第一冊，頁7。

[8]　〔清〕勞樹棠：《學津討原・序》。見〔清〕張海鵬輯：《學津討原》第一冊，頁2。

[9]　楊家駱主編：《叢書大辭典——附叢書總目類編・叢書總目類編》（臺北：鼎文書局，民國66年1月），頁154。

[10]　上海圖書館編：《中國叢書綜錄》（上海：上海古籍出版社，1982年12月），頁154。

[11]　劉尚恆：《古籍叢書概說》（上海：上海古籍出版社，1989年12月），頁99。

[12]　中國古籍善本書目編輯委員會編：《中國古籍善本書目－叢部》（上海：上海古籍出版社，1998年8月），頁417。

[13]　李春光：〈張海鵬和《學津討原》〉，《文史知識》1992年3月（總第129期），頁72。

筆者認為，《學津討原》既是張海鵬親自輯刻，其自撰《學津討原・序》中所言的時間應較為可信。至於勞樹棠《學津討原・序》署時的嘉慶十一年（1806年），應是在《學津討原》即將出版之際，為此所撰寫的序文，而黃廷鑑〈行狀〉所言嘉慶九年甲子（1804年）的時間則是不正確的。故可知自嘉慶七年壬戌（1802年）秋天至嘉慶十年乙丑（1805年）冬天，是《學津討原》開雕刊刻的時間，一共歷時三年的時間，到了翌年，也就是嘉慶十一年丙寅（1806年）才正式出版問世。《學津討原》是張海鵬最早刊刻，也最早竣工的叢書。

第四節　刊刻的種類、卷數

一、收書數目和卷數

《學津討原》全書的收書數和卷數，雖然沒有像《津逮秘書》那樣的複雜，但是研究者對它仍有不同的看法。筆者舉數家以說明之。

（一）楊家駱主編的《叢書大辭典——附叢書總目類編》中所附的《叢書總目類編》著錄：

《學津討原》
（清）張海鵬輯
清嘉慶十年（1805）虞山張氏照曠閣[14]刊本
民國十一年（1922）上海商務印書館據清張氏刊本景印

---

[14] 原文誤作「曠照閣」，今更之。

第一集

　　《子夏易傳》十一卷　（周）卜商撰

　　《周易集解》十七卷　（唐）李鼎祚撰

　　《蘇氏易傳》九卷　（宋）蘇軾撰

　　《京氏易傳》三卷　（漢）京房撰　（吳）陸績注

　　《關氏易傳》一卷　（後魏）關朗撰　（唐）趙蕤注

　　《周易略例》一卷　（魏）王弼撰　（唐）邢璹注

　　《周易舉正》三卷　（唐）郭京撰

　　《麻衣道者正易心法》一卷　（宋）希夷先生（陳摶）

　　受併消息

第二集

　　《尚書鄭注》十卷　（漢）鄭玄撰　（宋）王應麟輯

　　（清）孔廣林增訂

　　《尚書中候鄭注》五卷　（漢）鄭玄撰　（清）孔廣

　　林輯

　　《東坡書傳》二十卷　（宋）蘇軾撰

　　《詩序辨說》一卷　（宋）朱熹撰

　　《詩攷》一卷　（宋）王應麟撰

　　《詩地理攷》六卷　（宋）王應麟撰

　　《毛詩草木蟲魚疏廣要》二卷　（明）毛晉撰

　　《韓詩外傳》十卷　（漢）韓嬰撰

第三集

　　《太平經國之書》十一卷〈首〉一卷　（宋）鄭伯謙撰

　　《儀禮逸經傳》二卷　（元）吳澄撰

　　《春秋微旨》三卷　（唐）陸淳撰

《春秋金鎖匙》一卷　（元）趙汸撰

《春秋胡傳考誤》一卷　（明）袁仁撰

《癸巳論語解》十卷　（宋）張栻撰

《司馬氏書儀》十卷　（宋）司馬光撰

《皇祐新樂圖記》三卷　（宋）阮逸（宋）胡瑗撰

第四集

《爾雅鄭註》三卷　（宋）鄭樵撰

《爾雅翼》三十二卷〈序〉一卷　（元）羅願撰

〈序〉（元）洪焱祖釋

《急就篇》四卷〈正文〉一卷　（漢）史游撰　（唐）

顏師古注　（宋）王應麟音釋

《九經補韻》一卷　（宋）楊伯嵒撰

《毛詩古音考》四卷〈附錄〉一卷〈讀詩拙言〉一卷

（明）陳第撰

《屈宋古音義》三卷　（明）陳第撰

第五集

《稽古錄》二十卷　（宋）司馬光撰

《通鑑地理通釋》十四卷　（宋）王應麟撰

《續宋編年資治通鑑》十五卷　（宋）劉時舉撰

《宋季三朝政要》六卷　（元）□□撰

第六集

《西京雜記》六卷　（晉）葛洪撰

《大唐創業起居注》三卷　（唐）溫大雅撰

《吳越備史》四卷〈補遺〉一卷　（宋）范坰（宋）林

禹撰

《靖康紀聞》一卷〈拾遺〉一卷 （宋）丁特起撰
〈拾遺〉（宋）□□撰
《北狩見聞錄》一卷 （宋）曹勛撰
《建炎維揚遺錄》一卷 （宋）□□撰
《建炎復辟記》一卷 （宋）□□撰
《松漠紀聞》一卷〈續〉一卷〈補遺〉一卷 （宋）洪
皓撰
《西使記》一卷 （元）劉郁撰
《燕翼詒謀錄》[15]五卷 （宋）王栐撰
《庚申外史》一卷 （明）權衡撰
《復辟錄》一卷 （明）楊瑄撰
《綏寇紀略》十二卷〈補遺〉三卷 （清）吳偉業撰
第七集
《洛陽伽藍記》五卷 （後魏）楊衒之撰
《洛陽名園記》一卷 （宋）李格非撰
《東京夢華錄》十卷 （宋）孟元老撰
《夢梁錄》二十卷 （宋）吳自牧撰
《吳地記》一卷〈後集〉一卷 （唐）陸廣微撰 〈後
集〉（宋）□□輯
《吳郡圖經續記》三卷 （宋）朱長文撰
《佛國記》一卷 （晉）釋法顯撰
《諸蕃志》二卷 （宋）趙汝适撰
《益部方物略記》一卷 （宋）宋祁撰

---

[15] 原文誤作「《燕翼貽謀錄》」，今依《學津討原》原書更之。

《閩中海錯疏》三卷　（明）屠本畯撰　（明）徐𤊻
補疏

《海語》三卷　（明）黃衷撰

第八集

《漢制攷》四卷　（宋）王應麟撰

《唐國史補》三卷　（唐）李肇撰

《淳熙玉堂雜記》三卷　（宋）周必大撰

《明宮史》五卷　（明）劉若愚撰　（明）呂毖輯

《州縣提綱》四卷　（宋）陳襄撰

《官箴》一卷　（宋）呂本中撰

《晝簾緒論》一卷　（宋）胡太初撰

《唐史論斷》三卷〈附錄〉一卷　（宋）孫甫撰

《通鑑問疑》一卷　（宋）劉羲仲撰

《泉志》十五卷　（宋）洪遵撰

《子略》四卷〈目〉一卷　（宋）高似孫撰

第九集

《周髀算經》二卷附〈音義〉一卷　（漢）趙爽注
（北周）甄鸞重述　（唐）李淳風等注釋　〈音義〉
（宋）李籍撰

《數術記遺》一卷　（漢）徐岳撰　（北周）甄鸞注

《易林》四卷〈首〉一卷　（漢）焦贛撰

《元包經傳》五卷　（北周）衛元嵩撰　（唐）蘇源明
傳　（唐）李江注　（宋）韋漢卿〈音釋〉

《元包數總義》二卷　（宋）張行成撰

《六經天文編》二卷　（宋）王應麟撰

《宅經》二卷　（□）□□注

《青烏先生葬經》一卷　（漢）青烏子撰　（金）兀欽仄注

《古本葬經》一卷　（晉）郭璞撰

《葬經翼》不分卷〈圖〉一卷　（明）繆希雍撰

第十集

《齊民要術》十卷　（後魏）賈思勰撰

《耒耜經》一卷　（唐）陸龜蒙撰

《紀效新書》十八卷〈首〉一卷　（明）戚繼光撰

《八陣合變圖說》一卷　（明）龍正撰

《增廣太平惠民和劑局方》十卷〈用藥總論〉三卷（宋）陳師文等編

第十一集

《法書要錄》十卷　（唐）張彥遠輯

《歷代名畫記》十卷　（唐）張彥遠撰

《圖畫見聞誌》六卷　（宋）郭若虛撰

《宣和書譜》二十卷　（宋）□□撰

《宣和畫譜》二十卷　（宋）□□撰

《畫繼》十卷　（宋）鄧椿撰

第十二集

《忠經》一卷　（漢）馬融撰　（漢）鄭玄注

《鶡冠子》三卷　（宋）陸佃解

《郁離子》二卷　（明）劉基撰

《意林》五卷　（唐）馬總輯

《李氏刊誤》二卷　（唐）李涪撰

《攷古編》十卷　（宋）程大昌撰

《演繁露》十六卷《續集》六卷　（宋）程大昌撰

《西溪叢語》二卷　（宋）姚寬撰

《學齋佔畢》四卷　（宋）史繩祖撰

第十三集

《封氏見聞記》十卷　（唐）封演撰

《東觀餘論》二卷〈附錄〉一卷　（宋）黃伯思撰

《夢溪筆談》二十六卷〈補筆談〉一卷〈續筆談〉一卷
（宋）沈括撰

《宋景文公筆記》三卷　（宋）宋祁撰

《芥隱筆記》一卷　（宋）龔頤正撰

《文昌雜錄》六卷〈補遺〉一卷　（宋）龐元英撰

《鼠璞》二卷　（宋）戴埴撰

《祛疑說》[16]一卷　（宋）儲泳撰

第十四集

《春明退朝錄》三卷　（宋）宋敏求撰

《避暑錄話》二卷　（宋）葉夢得撰

《曲洧舊聞》十卷　（宋）朱弁撰

《卻掃編》三卷　（宋）徐度撰

《齊東野語》二十卷　（宋）周密撰

第十五集

《冷齋夜話》十卷　（宋）釋惠洪撰

《春渚紀聞》十卷　（宋）何薳撰

---

[16] 原文誤作「《袪疑說》」，今更之。

《師友談記》一卷 （宋）李廌撰

《東坡志林》五卷 （宋）蘇軾撰

《老學庵筆記》十卷 （宋）陸游撰

《貴耳集》三卷 （宋）張端義撰

《閒居錄》一卷 （元）吾丘衍撰

《瑯嬛記》三卷 （元）伊世珍撰

《學古編》一卷 （元）吾丘衍撰

《丸經》二卷 （元）□□撰

《歙州硯譜》一卷 （宋）唐積撰

《歙硯說》一卷〈辨歙石說〉一卷 （宋）曹紹撰

《硯史》一卷 （宋）米芾撰

《端溪硯譜》一卷 （宋）□□撰 （宋）葉樾訂

《墨經》一卷 （宋）晁貫之撰

《雲林石譜》三卷 （宋）杜綰撰

《香譜》二卷 （宋）洪芻撰

《茶經》三卷 （唐）陸羽撰

《糖霜譜》一卷 （宋）王灼撰

第十六集

《搜神記》二十卷 （晉）干寶撰

《搜神後記》十卷 （晉）陶潛撰

《異苑》十卷 （劉宋）劉敬叔撰

《酉陽雜俎》二十卷〈續集〉十卷 （唐）段成式撰

《開天傳信記》一卷 （唐）鄭綮撰

《杜陽雜編》三卷 （唐）蘇鶚撰

《甘澤謠》一卷〈附錄〉一卷 （唐）袁郊撰

《劇談錄》二卷　（唐）康駢撰

《前定錄》一卷〈續〉一卷　（唐）鍾輅撰

《稽神錄》六卷〈拾遺〉一卷　（宋）徐鉉撰

第十七集

《唐摭言》十五卷　（南漢）王定保撰

《鑒誡錄》十卷　（後蜀）何光遠撰

《南部新書》十卷　（宋）錢易撰

《涑水記聞》十六卷　（宋）司馬光撰

《王文正筆錄》一卷　（宋）王曾撰

《歸田錄》二卷　（宋）歐陽修撰

《國老談苑》二卷　（宋）王君玉撰

《茅亭客話》十卷　（宋）黃休復撰

《道山清話》一卷　（宋）王□撰

《孫公談圃》三卷　（宋）孫升述　（宋）劉延世錄

《湘山野錄》三卷〈續〉一卷　（宋）釋文瑩撰

第十八集

《河南邵氏聞見前錄》二十卷　（宋）邵伯溫撰

《河南邵氏聞見後錄》三十卷　（宋）邵博撰

《揮麈前錄》四卷〈後錄〉十一卷〈三錄〉三卷〈餘話〉二卷　（宋）王明清撰

《玉照新志》五卷　（宋）王明清撰

第十九集

《桯史》十五卷〈附錄〉一卷　（宋）岳珂撰

《癸辛雜識前集》一卷〈後集〉一卷〈續集〉二卷〈別集〉二卷　（宋）周密撰

《錦帶書》一卷　（梁）蕭統撰

《歲華紀麗》四卷　（唐）韓鄂撰

《龍筋鳳髓判》二卷　（唐）張鷟撰

《蒙求》正文一卷〈集註〉二卷　（後晉）李瀚撰

（宋）徐子光補注

第二十集

《道德指歸論》六卷　（漢）嚴遵撰

《古文參同契集解》三卷　〈箋註集解〉三卷〈三相類

集解〉二卷　（明）蔣一彪輯

《胎息經》一卷　（□）幻真先生注

《真誥》二十卷　（梁）陶弘景撰

《象教皮編》六卷　（明）陳士元輯

《樂府古題要解》二卷　（唐）吳兢撰

《詩品》三卷　（梁）鍾嶸撰

《詩品二十四則》一卷　（唐）司空圖撰

《風騷旨格》一卷　（唐）釋齊己撰

《四六話》二卷　（宋）王銍撰

《四六談麈》一卷　（宋）謝伋撰。[17]

　　楊家駱所編的《叢書大辭典——附叢書總目類編》中的《叢
書總目類編》，第一集收書八種，四十六卷；第二集收書八種，
五十五卷；第三集收書八種，四十二卷；第四集收書六種，五十

---

[17] 楊家駱主編：《叢書大辭典——附叢書總目類編·叢書總目類編》，頁
154-157。

一卷；第五集收書四種，五十五卷；第六集收書十三種，四十五卷；第七集收書十一種，五十一卷；第八集收書十一種，四十六卷；第九集收書十種，二十四卷；第十集收書五種，四十四卷；第十一集收書六種，七十六卷；第十二集收書九種，五十一卷；第十三集收書八種，五十五卷；第十四集收書五種，三十八卷；第十五集收書十九種，六十一卷；第十六集收書十種，八十七卷；第十七集收書十一種，七十四卷；第十八集收書四種，七十五卷；第十九集收書六種，三十二卷；第二十集收書十一種，五十一卷。共計收書一百七十三種，一千零五十九卷。另外，上海圖書館編的《中國叢書綜錄》[18]的著錄是根據《叢書大辭典——附叢書總目類·叢書總目類編》而來，兩者相同，不再贅述。

（二）嚴一萍選輯《百部叢書集成》的《學津討原》在出版時所撰寫的〈總目〉，所著錄的收書數目和卷數，筆者以圖表示視之如下：

書名	卷數	著作者	附註
《子夏易傳》	一一	卜 商	
《周易集解》一名《李氏易傳》	一七	李鼎祚輯	
《蘇氏易傳》	九	蘇軾	
《京氏易傳》	三	京房著 陸績注	
《關氏易傳》	一	關朗撰 趙蕤注	
《周易略例》	一	王弼著 邢璹注	

---

[18] 上海圖書館編：《中國叢書綜錄》，頁154-157。

書名	卷數	著作者	附註
《周易舉正》	三	郭 京	
《麻衣道者正易心法》	一	陳 摶	以上第一集
《尚書鄭注》	一〇	鄭 玄	
《尚書中候鄭注》	五	鄭 玄	
《東坡書傳》	二〇	蘇 軾	
《詩序辨說》	一	朱 熹	
《詩考》	一	王應麟	
《詩地理考》	六	王應麟	
《毛詩陸疏廣要》	四	陸璣撰 毛晉參	
《韓詩外傳》	一〇	韓 嬰	以上第二集
《太平經國之書》	一一	鄭伯謙	
《儀禮逸經傳》	二	吳 澄	
《春秋微旨》	三	陸 淳	
《春秋金鎖匙》	一	趙 汸	
《春秋胡傳考誤》	一	袁 仁	
《癸巳論語解》	一〇	張 栻	
《溫公書儀》	一〇	司馬光	
《皇祐新樂圖記》	三	阮 逸 胡 瑗	以上第三集
《爾雅鄭註》	三	鄭 樵	
《爾雅翼》	三二	羅 願	
《急就篇》	四	史 游	
《九經補韻》	一	楊伯嵒	
《毛詩古音考》〈附錄〉	四	陳 第	
《讀詩拙言》	一	陳 第	
《屈宋古音義》	三	陳 第	以上第四集
《稽古錄》	二〇	司馬光	
《通鑑地理通釋》	一四	王應麟	
《續宋編年資治通鑑》	一五	劉時舉	
《宋季三朝政要》	六	撰人不詳	以上第五集
《西京雜記》	六	葛 洪	
《大唐創業起居注》	三	溫大雅	
《吳越備史》〈補遺〉	五	范 坰 林 禹	
《靖康紀聞》〈拾遺〉	二	丁特起	

書名	卷數	著作者	附註
《北狩見聞錄》	一	曹 勛	
《建炎維揚遺錄》	一	撰人不詳	
《建炎復辟記》	一	撰人不詳	
《松漠紀聞》	二	洪 皓	
《西使記》	一	劉 郁	
《燕翼詒謀錄》[19]	五	王 栐	
《庚申外史》	一	權 衡	
《復辟錄》	一	楊 瑄	
《綏寇紀略》〈補遺〉	一五	吳偉業	以上第六集
《洛陽伽藍記》[20]	五	楊衒之	
《洛陽名園記》	一	李格非	
《東京夢華錄》	一〇	孟元老	
《夢粱錄》	二〇	吳自牧	
《吳地記》	二	陸廣微	
《吳郡圖經續記》	三	朱長文	
《佛國記》一名《三十國記》	一	釋法顯	
《諸蕃志》	二	趙汝适	
《益部方物略記》	一	宋 祁	
《閩中海錯疏》	三	屠本畯	
《海語》	三	黃 衷	以上第七集
《漢制考》	四	王應麟	
《唐國史補》	三	李 肇	
《淳熙玉堂雜記》	三	周必大	
《明宮史》	五	劉若愚	
《州縣提綱》	四	陳 襄	
《官箴》	一	呂本中	
《書廉緒論》	一	胡大初	
《唐史論斷》	三	孫 甫	
《通鑑問疑》	一	劉羲仲	
《泉志》	一五	洪 遵	
《子略》	五	高似孫	以上第八集
《周髀算經》	二	趙爽注	
《周髀算經音義》	一	李 籍	

---

[19] 原文誤為「《洛陽伽蓋記》」，今更之。
[20] 原文誤作「《燕翼貽謀錄》」，今依《學津討原》原書更之。

書名	卷數	著作者	附註
《數術記遺》	一	徐　岳 甄鸞注	
《焦氏易林》	四	焦延壽	
《元包經傳》	五	衛元嵩	
《元包數總義》	二	張成行	
《六經天文編》	二	王應麟	
《宅經》	二	撰人不詳	
《青烏先生葬經》	一	青烏子	
《古本葬書》[21]	一	郭　璞	
《葬經翼》〈葬圖〉〈難解〉	三	繆希雍	以上第九集
《齊民要術》	一〇	賈思勰	
《耒耜經》	一	陸龜蒙	
《紀效新書》	一八	戚繼光	
《八陣合變圖說》	一	龍　正	
《增廣太平惠民和劑局方》〈總論〉	一三	陳師文等編	以上第十集
《法書要錄》	一〇	張彥遠	[22]
《歷代名畫記》	一〇	張彥遠	
《圖畫見聞誌》	六	郭若虛	
《宣和書譜》	二〇	撰人不詳	
《宣和畫譜》	二〇	撰人不詳	
《畫繼》	一〇	鄧　椿	以上第十一集
《忠經》	一	馬　融	
《鶡冠子》	三	陸佃解	
《郁離子》	二	劉　基	
《意林》	五	馬　總	
《李氏刊誤》	二	李　涪	
《考古編》	一〇	程大昌	
《演繁露》	一六	程大昌	
《續演繁露》	六	程大昌	
《西溪叢語》	二	姚　寬	
《學齋佔畢》	四	史繩祖	以上第十二集
《封氏聞見記》	一〇	封　演	

[21] 原文書名作「《古本葬經》」，今依《學津討原》原書更之。
[22] 嚴一萍撰寫的〈總目〉誤將《法書要錄》一書入第十集，今更之。

125

《東觀餘論》	二	黃伯思	
《夢溪筆談》	二六	沈　括	
《夢溪補筆談》 附〈續筆談〉	二	沈　括	
《宋景文公筆記》	三	宋　祁	
《芥隱筆記》	一	龔頤正	
《文昌雜錄》	七	龐元英	
《鼠璞》	二	戴　埴	
《祛疑說》	一	儲　泳	以上第十三集
《春明退朝錄》	三	宋敏求	
《避暑錄話》	二	葉夢得	
《曲洧舊聞》	一〇	朱　弁	
《卻掃編》	三	徐　度	
《齊東野語》	二〇	周　密	以上第十四集
《冷齋夜話》	一〇	釋惠洪	
《春渚紀聞》	一〇	何　遠	
《師友談記》	一	李　廌	
《東坡志林》	五	蘇　軾	
《老學庵筆記》	一〇	陸　游	
《貴耳集》 〈二集〉〈三集〉	三	張端義	
《閒居錄》	一	吾丘衍	
《瑯嬛記》	三	伊世珍輯	
《學古編》	一	吾丘衍	
《丸經》	二	撰人不詳	
《歙州硯譜》	一	唐　積	
《歙硯說》 〈辨歙石說〉	二	曹　紹	
《硯史》	一	米　芾	
《端溪硯譜》	一	葉樾傳	
《墨經》	一	晁貫之	
《雲林石譜》	三	杜　綰	
《香譜》	二	洪　芻	
《茶經》	三	陸　羽	
《糖霜譜》	一	王　灼	以上第十五集
《搜神記》	二〇	干　寶	
《搜神後記》	一〇	陶　潛	

《異苑》	一〇	劉敬叔	
《酉陽雜俎》〈續集〉	三〇	段成式	
《開天傳信記》	一	鄭綮	
《杜陽雜編》	三	蘇鶚	
《甘澤謠》	一	袁郊	
《劇談錄》	二	康駢	
《前定錄》〈續錄〉	二	鍾輅	
《稽神錄》〈拾遺〉	七	徐鉉	以上第十六集
《唐摭言》	一五	王定保	
《鑑誡錄》	一〇	何光遠	
《南部新書》	一〇	錢易	
《涑水記聞》	一六	司馬光	
《王文正筆錄》	一	王曾	
《歸田錄》	二	歐陽修	
《國老談苑》	二	王君玉	
《茆亭客話》	一〇	黃休復	
《道山清話》	一	道山先生	
《孫公談圃》	三	孫升	
《湘山野錄》〈續錄〉	四	僧文瑩	以上第十七集
《河南邵氏聞見前錄》	二〇	邵伯溫	
《河南邵氏聞見後錄》	三〇	邵博	
《揮麈錄》〈前〉、〈後錄〉〈三錄〉、〈餘話〉	二〇	王明清	
《玉照新志》〈附錄〉	五	王明清	以上第十八集
《桯史》〈附錄〉	一六	岳珂	
《癸辛雜識》〈前〉、〈後集〉、〈續集〉、〈別集〉	六	周密	
《錦帶書》	一	蕭統	
《歲華紀麗》	四	韓鄂	
《龍筋鳳髓判》	二	張鷟	
《蒙求集註》	三	李瀚撰 徐子光補注	以上第十九集
《道德指歸論》	六	嚴遵	
《古文參同契集解》	八	蔣一彪輯	

《胎息經》	一	幻真先生	
《真誥》	二〇	陶景弘	
《象教皮編》	六	陳士元輯	
《樂府古題要解》	二	吳 兢[23]	
《鍾詩品》	三	鍾 嶸[24]	
《司空詩品》	一	司空圖	
《風騷旨格》	一	釋齊己	
《四六話》	二	王 銍	
《四六談麈》[25]	一	謝 伋	以上第二十集

[26]

　　嚴一萍撰寫的〈總目〉，第一集收書八種，四十六卷；第二集收書八種，五十七卷；第三集收書八種，四十一卷；第四集收書七種，四十八卷；第五集收書四種，五十五卷；第六集收書十三種，四十四卷；第七集收書十一種，五十一卷；第八集收書十一種，四十五卷；第九集收書十一種，二十四卷；第十集收書五種，四十三卷；第十一集收書六種，七十六卷；第十二集收書十種，五十一卷；第十三集收書九種，五十四卷；第十四集收書五種，三十八卷；第十五集收書十九種，六十一卷；第十六集收書十種，八十六卷；第十七集收書十一種，七十四卷；第十八集收書四種，七十五卷；第十九集收書六種，三十二卷；第二十集收書十一種，五十一卷。共計收書一百七十七種，總卷數一千零五十二卷。

---

[23] 原文誤作「吳競」，今更之。

[24] 原文誤作「鍾嶸」，今更之。

[25] 原文誤作「《四六談麈》」，今更之。

[26] 嚴一萍選輯：《學津討原‧總目》。見〔清〕張海鵬輯：《學津討原》（臺北：藝文印書館，民國54年《百部叢書集成》影印張氏照曠閣刊本），頁1-10。

（三）中國古籍善本書目編輯委員會編的《中國古籍善本書
　　　目－叢部》和翁連溪編校《中國古籍善本總目－叢
　　　部》（兩者在內容幾乎相同，惟《中國古籍善本書
　　　目－叢部》年代較早，錯誤亦較少，故以此為底本，
　　　若有不同處則加註說明之）所著錄《學津討原》的收
　　　書數目和卷數如下：

《學津討原》二十集一百七十三種一千五十三卷
清張海鵬編　清嘉慶十年張氏照曠閣刻本
九行二十一字　黑口　左右雙邊[27]
第一集
　　《子夏易傳》十一卷
　　《周易集解》十七卷　唐李鼎祚撰
　　《蘇氏易傳》九卷　宋蘇軾撰
　　《京氏易傳》三卷　漢京房撰　吳陸績注
　　《關氏易傳》一卷　題北魏關朗撰　唐趙蕤注
　　《周易略例》一卷　魏王弼撰　唐邢璹注
　　《周易舉正》三卷　唐郭京撰
　　《麻衣道者正易心法》一卷
第二集
　　《尚書鄭注》十卷　漢鄭玄撰　宋王應麟輯　清孔廣林
　　增訂

---

[27] 中國古籍善本書目編輯委員會編的《中國古籍善本書目－叢部》沒有
「九行二十一字　黑口　左右雙邊」的字樣。

《尚書中候鄭注》五卷　漢鄭玄撰　清孔廣林輯

《東坡書傳》二十卷　宋蘇軾撰

《詩序辨說》一卷　宋朱熹撰

《詩考》一卷　宋王應麟撰

《詩地理攷》六卷　宋王應麟撰

《毛詩草木鳥獸蟲魚疏廣要》二卷　明毛晉撰

《韓詩外傳》十卷　漢韓嬰撰

第三集

《太平經國之書》十一卷〈首〉一卷　宋鄭伯謙撰

《儀禮逸經傳》二卷　元吳澄撰

《春秋微旨》三卷　唐陸淳撰

《春秋金鎖匙》一卷　元趙汸撰

《春秋胡傳考誤》一卷　明袁仁撰

《癸巳論語解》十卷　宋張栻撰

《司馬氏書儀》十卷　宋司馬光撰

《皇祐新樂圖記》三卷　宋阮逸、胡瑗撰

第四集

《爾雅鄭注》三卷　宋鄭樵撰

《爾雅翼》三十二卷　宋羅願撰　元洪焱祖音釋

《急就篇》四卷〈正文〉一卷　漢史游撰　唐顏師古注
宋王應麟音釋

《九經補韻》一卷　宋楊伯嵒撰

《毛詩古音考》四卷〈附錄〉一卷〈讀詩拙言〉一卷
明陳第撰

《屈宋古音義》三卷　明陳第撰

第五集

　　《稽古錄》二十卷　宋司馬光撰

　　《通鑑地理通釋》十四卷　宋王應麟撰

　　《續宋編年資治通鑑》十五卷　宋劉時舉撰

　　《宋季三朝政要》六卷

第六集

　　《西京雜記》六卷　題晉葛洪撰

　　《大唐創業起居注》三卷　唐溫大雅撰

　　《吳越備史》四卷〈補遺〉一卷　題宋范坰[28]、林禹撰

　　《靖康紀聞》一卷　題宋丁特起撰　〈拾遺〉一卷

　　《北狩見聞錄》一卷　宋曹勛撰

　　《建炎維揚遺錄》一卷

　　《建炎復辟記》一卷

　　《松漠紀聞》一卷〈續〉一卷〈補遺〉一卷　宋洪皓撰

　　《西使記》一卷　元劉郁[29]撰

　　《燕翼詒謀錄》五卷　宋王栐撰

　　《庚申外史》一卷　明[30]權衡撰

　　《復辟錄》一卷　明楊瑄撰

　　《綏寇紀略》十二卷〈補遺〉三卷　清吳偉業撰

第七集

　　《洛陽伽藍記》五卷　北魏楊衒之撰

　　《洛陽名園記》一卷　宋李格非撰

---

[28] 翁連溪編校《中國古籍善本總目－叢部》誤將作者題成「範坰」。

[29] 翁連溪編校《中國古籍善本總目－叢部》誤將作者題作「劉鬱」。

[30] 翁連溪編校《中國古籍善本總目－叢部》未題作者朝代「明」。

《東京夢華錄》十卷　宋孟元老撰

《夢梁錄》[31]二十卷　宋吳自牧撰

《吳地記》一卷〈後集〉一卷　題唐陸廣微撰

《吳郡圖經續記》三卷　宋朱長文撰

《佛國記》一卷　晉釋法顯撰

《諸蕃志》二卷　宋趙汝适[32]撰

《益部方物略記》一卷　宋宋祁撰

《閩中海錯疏》三卷　明屠本畯撰　明徐烱補疏

《海語》三卷　明黃衷撰

第八集

《漢制攷》四卷　宋王應麟撰

《唐國史補》三卷　唐李肇撰

《淳熙玉堂雜記》三卷　宋周必大撰

《明宮史》五卷　明劉若愚撰　明呂毖輯

《州縣提綱》四卷　宋陳襄撰

《官箴》一卷　宋呂本中撰

《畫簾緒論》[33]一卷　宋胡太初撰

《唐史論斷》三卷　宋孫甫撰

《通鑑問疑》一卷　宋劉義仲撰

《泉志》十五卷　宋洪遵撰

《子略》四卷〈目〉一卷　宋高似孫撰

---

[31] 翁連溪編校《中國古籍善本總目－叢部》誤將書名題作「《夢梁錄》」。

[32] 翁連溪編校《中國古籍善本總目－叢部》誤將作者題作「趙汝適」。

[33] 翁連溪編校《中國古籍善本總目－叢部》誤將書名題作「《書簾緒論》」。

第九集

　　《周髀算經》二卷　題漢趙君卿注　北周甄鸞重述　唐李淳風等注釋　〈音義〉一卷　宋李籍撰

　　《數術記遺》一卷　題漢徐岳撰　北周甄鸞註

　　《焦氏易林》四卷〈首〉一卷　題漢焦延壽撰

　　《元包經傳》五卷　北周衛元嵩撰　唐蘇源明[34]傳　唐李江注　宋韋漢卿音釋

　　《元包數總義》二卷　宋張行成撰

　　《六經天文編》二卷　宋王應麟撰

　　《宅經》二卷

　　《青烏先生葬經》一卷　金兀欽仄注

　　《古本葬書》一卷　題晉郭璞撰

　　《葬經翼》一卷〈圖〉一卷〈難解二十四篇〉一卷　明繆希雍撰

第十集

　　《齊民要術》十卷〈雜說〉一卷　北魏賈思勰撰

　　《耒耜經》一卷　唐陸龜蒙撰

　　《紀效新書》十八卷〈首〉一卷　明戚繼光撰

　　《八陣合變圖說》一卷　明龍正撰

　　《增廣太平惠民和劑局方》十卷　宋陳師文等編　〈用藥總論〉三卷　宋許洪撰

第十一集

　　《法書要錄》十卷　唐張彥遠撰

---

[34] 翁連溪編校《中國古籍善本總目－叢部》誤將作者題成「鯀源明」。

《歷代名畫記》十卷　唐張彥遠撰

《圖畫見聞誌》六卷　宋郭若虛撰

《宣和書譜》二十卷

《宣和畫譜》二十卷

《畫繼》十卷　宋鄧椿撰

第十二集

《忠經》一卷　題漢馬融撰　漢鄭玄注

《鶡冠子》三卷　宋陸佃解

《郁離子》[35]二卷　明劉基撰

《意林》五卷　唐馬總輯

《李氏刊誤》二卷　唐李涪撰

《攷古編》十卷　宋程大昌撰

《演繁露》十六卷〈續集〉六卷　宋程大昌撰

《西溪叢語》二卷　宋姚寬撰

《學齋佔畢》[36]四卷　宋史繩祖撰

第十三集

《封氏見聞記》十卷　唐封演撰

《東觀餘論》二卷〈附錄〉一卷　宋黃伯思撰

《夢溪筆談》二十六卷〈補筆談〉一卷〈續筆談〉一卷
宋沈括撰

《宋景文公筆記》三卷　宋宋祁撰

《芥隱筆記》一卷　宋龔頤正撰

---

[35] 翁連溪編校《中國古籍善本總目－叢部》誤將書名題作「《鬱離子》」。

[36] 翁連溪編校《中國古籍善本總目－叢部》誤將書名題作「《學齋占畢》」。

《文昌雜錄》六卷〈補遺〉一卷　宋龐元英撰

《鼠璞》二卷　宋戴埴撰

《袪疑說》[37]一卷　宋儲泳撰

第十四集

《春明退朝錄》三卷　宋宋敏求撰

《避暑錄話》二卷　宋葉夢得撰

《曲洧舊聞》十卷　宋朱弁撰

《卻掃編》三卷　宋徐度撰

《齊東野語》二十卷　宋周密撰

第十五集

《冷齋夜話》十卷　宋釋惠洪撰

《春渚紀聞》十卷　宋何薳撰

《師友談記》一卷　宋李廌撰

《東坡志林》五卷　宋蘇軾撰

《老學庵筆記》十卷　宋陸游撰

《貴耳集》三卷　宋張端義撰

《閒居錄》一卷　元吾丘衍撰

《瑯嬛記》三卷　元伊世珍撰

《學古編》一卷　元吾丘衍[38]撰

《丸經》二卷

《歙州硯譜》一卷

《歙硯說》一卷〈辨歙石說〉一卷

---

[37] 中國古籍善本書目編輯委員會編《中國古籍善本書目－叢部》將書名誤作「《袪疑說》」，今更之。

[38] 翁連溪編校《中國古籍善本總目－叢部》誤將作者題作「吾立衍」。

《硯史》一卷　宋米芾撰

《端溪硯譜》一卷

《墨經》一卷　宋晁貫之撰

《雲林石譜》三卷　宋杜綰撰

《香譜》二卷　宋洪芻撰

《茶經》三卷　唐陸羽撰

《糖霜譜》一卷　宋王灼撰

第十六集

《搜神記》二十卷　題晉干寶撰

《搜神後記》十卷　題晉陶潛撰

《異苑》十卷　劉宋劉敬叔撰

《酉陽雜俎》二十卷〈續集〉十卷　唐段成式撰

《開天傳信記》一卷　唐鄭綮撰

《杜陽雜編》三卷　唐蘇鶚撰

《甘澤謠》一卷　唐袁郊撰　〈附錄〉一卷

《劇談錄》二卷　唐康駢撰

《前定錄》一卷〈續錄〉一卷　唐鍾輅撰

《稽神錄》六卷〈拾遺〉一卷　宋徐鉉撰

第十七集

《唐摭言》十五卷　五代王定保撰

《鑒誡錄》十卷　後蜀何光遠撰

《南部新書》十卷　宋錢易撰

《涑水記聞》十六卷　宋司馬光撰

《王文正筆錄》一卷　宋王曾撰

《歸田錄》二卷　宋歐陽修撰

《國老談苑》二卷　宋王君玉撰

《茅亭客話》十卷　宋黃休復撰

《道山清話》一卷

《孫公談圃》三卷　宋孫升述　宋劉延世撰

《湘山野錄》三卷〈續錄〉一卷　宋釋文瑩撰

第十八集

《河南邵氏聞見前錄》二十卷　宋邵伯溫撰

《河南邵氏聞見後錄》三十卷　宋邵博撰

《揮麈前錄》四卷〈後錄〉十一卷〈三錄〉三卷〈餘話〉二卷　宋王明清撰

《玉照新志》五卷　宋王明清撰

第十九集

《桯史》十五卷　宋岳珂撰　〈附錄〉一卷

《癸辛雜識前集》一卷〈後集〉一卷〈續集〉二卷〈別集〉二卷　宋周密撰

《錦帶書》一卷　梁蕭統撰

《歲華紀麗》四卷　題唐韓鄂撰

《龍筋鳳髓判》二卷　唐張鷟撰

《蒙求》正文二卷〈集註〉二卷　後晉李瀚撰　宋徐子光補注

第二十集

《道德指歸論》六卷　題漢嚴遵撰

《古文參同契集解》一卷〈箋註集解〉一卷〈三相類集解〉一卷　明蔣一彪輯

《胎息經》一卷　題□幻真先生注

《真誥》二十卷　梁陶弘景撰

《象教皮編》六卷　明陳士元輯

《樂府古題要解》二卷　唐吳兢撰

《詩品》三卷　梁鍾嶸撰

《詩品二十四則》一卷　唐司空圖撰

《風騷旨格》一卷　唐釋齊己撰

《四六話》二卷　宋王銍撰

《四六談麈》一卷　宋謝伋撰[39]

　　第一集收書八種，四十六卷；第二集收書八種，五十五卷；第三集收書八種，四十二卷；第四集收書六種，五十卷；第五集收書四種，五十五卷；第六集收書十三種，四十五卷；第七集收書十一種，五十一卷；第八集收書十一種，四十五卷；第九集收書十種，二十五卷；第十集收書五種，四十五卷；第十一集收書六種，七十六卷；第十二集收書九種，五十一卷；第十三集收書八種，五十五卷；第十四集收書五種，三十八卷；第十五集收書十九種，六十一卷；第十六集收書十種，八十七卷；第十七集收書十一種，七十四卷；第十八集收書四種，七十五卷；第十九集收書六種，三十三卷；第二十集收書十一種，四十六卷。共計全書收書一百七十三種，一千零五十五卷。實較統計著錄卷數一千零五十三卷多出二卷，應是統計卷數時不慎所產生的錯誤。

[39] 中國古籍善本書目編輯委員會編：《中國古籍善本書目‧叢部》（上海：上海古籍出版社，1998年3月），頁417-424。翁連溪編校：《中國古籍善本總目－叢部》（北京：線裝書局，2005年5月），頁1976-1978。

（四）中國科學院圖書館整理《續修四庫全書總目提要（稿
　　本）》中《學津討原》的〈叢書子目類編〉，和王雲
　　五主編的《續修四庫全書提要》，（兩者的記載幾乎
　　完全相同，只是稿本為原本，故錯誤較少，所以筆者
　　以稿本為主，如遇兩者不同之處，則以加註的方式
　　來特別表示。）此外，二書原文皆有錯簡，筆者已按
　　照冊數順序重新排列。其記載各冊的收書數目和卷數
　　如下：

《學津討原》一百七十二種一千四十三卷
清嘉慶十年照曠閣刻本　二百八十冊[40]
清張海鵬編
第一集
　　第一至三冊　《子夏易傳》十一卷　舊題周卜商撰
　　第四至十冊　《周易集解》十七卷　唐李鼎祚撰
　　第十一至十三冊　《蘇氏易傳》九卷　宋蘇軾撰
　　第十四冊　《京氏易傳》三卷　漢京房撰
　　第十五冊　《關氏易傳》一卷　北魏關朗撰　唐趙蕤[41]注
　　　　　　　《周易略例》一卷　魏王弼撰　唐邢璹注
　　第十六冊　《周易舉正》三卷　唐郭京撰
　　　　　　　《正易心法》一卷　宋麻衣道者撰　希夷先
　　　　生受并消息

---

[40] 王雲五《續修四庫全書提要》沒有「二百八十冊」的字樣。
[41] 王雲五《續修四庫全書提要》多衍一「趙」字。

　第二集

　　第十七至十八冊　《尚書鄭注》十卷　漢鄭玄注

　　第十八冊　《尚書中候鄭注》五卷　漢鄭玄注

　　第十九至二十二冊　《蘇氏書傳》二十卷　宋蘇軾撰

　　第二十三冊　《詩序》一卷　佚名撰[42]

　　第二十四冊　《三家詩考》一卷　宋王應麟撰

　　第二十五至二十六冊　《詩地理考》六卷　宋王應麟撰

　　第二十七至三十冊　《毛詩陸疏廣要》四卷　明毛晉撰

　　第三十一至三十二冊　《韓詩外傳》十卷　漢韓嬰撰

　第三集

　　第三十三至三十四冊　《太平經國之書》十一卷　宋鄭伯謙撰

　　第三十五冊　《儀禮逸經傳》二卷　元吳澄撰

　　第三十六至三十七冊　《春秋微旨》三卷　唐陸淳撰

　　第三十八冊　《春秋金鎖匙》一卷　元趙汸撰

　　　　　　　　《春秋胡傳考誤》一卷　明袁仁撰

　　第三十九至四十二冊　《癸巳論語解》十卷　宋張栻撰

　　第四十三至四十四冊　《溫公書儀》十卷　宋司馬光撰

　　第四十四冊　《皇祐新樂圖記》一卷　宋阮逸、胡瑗[43]奉敕撰

　第四集

　　第四十五冊　《爾雅鄭注》三卷　宋鄭樵撰

---

[42] 王雲五《續修四庫全書提要》誤作「佚名傳」。

[43] 原文誤作「胡瓊」，今更之。

　　第四十六至五十二冊　《爾雅翼》三十二卷　宋羅願撰

　　第五十三至五十四冊　《急就篇》四卷　漢史游撰

　　　　　　　　　　　　《九經補韻》一卷　宋楊伯嵒撰

　　第五十五至五十八冊　《毛詩古音考》四卷〈讀詩拙言〉[44]一卷〈古音考附錄〉一卷　明陳第撰

　　第五十九至六十冊[45]　《屈宋古音義》三卷　明陳第撰

第五集

　　第六十一至六十四冊　《稽古錄》二十卷　宋司馬光撰

　　第六十五至七十冊　《通鑑地理通釋》十四卷　宋王應麟撰

　　第七十一至七十四冊　《續宋編年資治通鑑》十五卷宋劉時舉撰

　　第七十五至七十六冊　《宋季三朝政要》六卷　宋佚名撰

第六集

　　第七十七冊　《西京雜記》六卷　舊本題晉葛洪撰

　　第七十八冊　《大唐創業起居注》三卷　唐溫大雅撰

　　第七十九至八十冊　《吳越備史》四卷〈補遺〉一卷宋錢儼撰　〈補遺〉佚名撰

　　第八十一冊　《靖康紀聞》一卷〈拾遺〉一卷　宋丁特起撰

　　第八十二冊　《北狩見聞錄》一卷　宋曹勳撰

---

[44] 王雲五《續修四庫全書提要》誤作「《續詩拙言》」。

[45] 王雲五《續修四庫全書提要》誤作「第五十九至六十百」。

　　　　　　　《建炎維揚遺錄》一卷　宋佚名撰

　　　　　　　《建炎復辟記》一卷　宋佚名撰

　　第八十三冊　《松漠紀聞》一卷〈續〉一卷　宋洪皓撰

　　　　　　　《西使記》一卷　元劉郁撰

　　第八十四冊　《燕翼詒謀錄》[46]五卷　宋王栐撰

　　第八十五冊　《庚申外史》一卷　明權衡撰

　　　　　　　《復辟錄》一卷　明楊瑄撰

　　第八十六至九十四冊　《綏寇紀略》十二卷〈補遺〉三卷　清吳偉業撰

　第七集

　　第九十五冊　《洛陽伽藍記》五卷　後魏楊衒之撰

　　第九十六冊　《洛陽名園記》一卷　宋李格非撰

　　第九十六至九十七冊　《東京夢華錄》十卷　宋孟元老撰

　　第九十八至一百零二冊　《夢粱錄》[47]二十卷　宋吳自牧撰

　　第一百零三冊　《吳地記》一卷〈後集〉一卷　唐陸廣微撰

　　第一百零三至一百零四冊　《吳郡圖經續記》三卷　宋朱長文撰

　　第一百零五冊　《佛國記》一卷　宋[48]釋法顯撰

　　第一百零六至一百零七冊　《諸蕃志》二卷　宋趙汝

---

[46] 原文誤作「《燕翼貽謀錄》」，今更之。

[47] 原文誤作「《夢粱錄》」，今更之。

[48] 作者年代「宋」是指魏晉南北朝時期的「劉宋」。

适撰

第一百零七冊　《益部方物略記》一卷　宋宋祁撰

第一百零八冊　《閩中海錯疏》三卷　明屠本畯撰

　　　　　　　《海語》三卷　明黃衷撰

第八集

第一百零九至一百一十冊　《漢制考》四卷　宋王應
麟撰

第一百十一冊　《唐國史補》三卷　唐李肇撰

第一百十二冊　《玉堂雜記》三卷　宋周必大撰

第一百十三冊　《明宮史》[49]五卷　明呂毖輯

第一百十四冊　《州縣提綱》四卷　宋陳襄撰

第一百十五冊　《官箴》一卷　宋呂本中撰

　　　　　　　《晝簾緒論》[50]一卷　宋胡太初撰

第一百十六至一百十七冊　《唐史論斷》三卷　宋孫
甫撰

第一百十七冊　《通鑑問疑》一卷　宋劉羲仲[51]撰

第一百十八至一百十九冊　《泉志》十五卷　宋洪遵撰

第一百二十冊　《子略》四卷〈目錄〉一卷　宋高似
孫撰

第九集

第一百二十一至一百二十二冊　《周髀算經》二卷　漢
趙君卿注　北周甄鸞述　唐李淳風等注釋

---

[49] 原文將書名誤為「《明宮室》」，今更之。
[50] 原文將書名誤為「《晝簾續論》」，今更之。
[51] 王雲五《續修四庫全書提要》誤作「劉義仲」。

第一百二十二冊　《周髀算經音義》一卷　唐李籍撰

第一百二十三冊　《數術記遺》一卷　漢徐岳撰

第一百二十三至一百二十八冊　《焦氏易林》四卷　漢焦延壽撰

第一百二十九冊　《元包》五卷　後周衛元嵩撰

　　　　　　　　《元包數總義》二卷　宋張行成撰

第一百三十至一百三十一冊　《六經天文編》二卷　宋王應麟撰

第一百三十二冊　《宅經》二卷　　舊題黃帝撰

　　　　　　　　《葬經》一卷　金兀欽仄注

　　　　　　　　《葬書》一卷　晉郭璞撰

　　　　　　　　《葬經翼》一卷附〈難解〉一卷　明繆希雍撰

第十集

第一百三十三至一百三十六冊　《齊民要術》十卷　後魏賈思勰撰

第一百三十六冊　《耒耜經》一卷　唐陸龜蒙撰

第一百三十七冊至一百四十一冊　《紀效新書》十八卷〈卷首〉一卷　明戚繼光撰

第一百四十一冊　《八陣合變圖說》[52]一卷　明龍正撰

第一百四十二至一百四十六冊　《增廣太平惠民和劑局方》十卷　〈總論〉三卷　佚名撰

---

[52] 原文誤作「《八陣圖合變說》」，今依《學津討原》原書更之。

第十一集

第一百十七至一百五十冊　《法書要錄》十卷　唐張彥遠撰

第一百五十至一百五十二冊　《歷代名畫記》十卷　唐張彥遠撰

第一百五十三至一百五十四冊　《圖畫見聞志》六卷　宋郭若虛撰

第一百五十五至一百五十七冊　《宣和書譜》二十卷　宋佚名撰

第一百五十八至一百六十一冊　《宣和畫譜》二十卷　宋佚名撰

第一百六十二冊　《畫繼》十卷　宋鄧椿撰

第十二集

第一百六十三冊　《忠經》一卷　漢馬融撰

　　　　　　　《鶡冠子》[53]三卷　宋陸佃注

第一百六十四至一百六十五冊　《郁離子》三卷　明劉基撰

第一百六十六至一百六十八冊　《意林》五卷　唐馬總撰

第一百六十八冊　《李氏刊誤》二卷　唐李涪撰

第一百六十九至一百七十冊　《考古編》十卷　宋程大昌撰

第一百七十一至一百七十五冊　《演繁露》十六卷〈續

---

[53] 原文誤作「《鶡宼子》」，今更之。

演繁露〉六卷　宋程大昌撰

第一百七十六冊　《西溪叢語》三卷　宋姚寬撰

第一百七十七至一百七十八冊　《學齋佔畢》四卷　宋
史繩祖撰

第十三集

第一百七十九冊　《封氏見聞記》十卷　唐封演撰

第一百八十至一百八十一冊　《東觀餘論》二卷　宋黃
伯思撰

第一百八十二至一百八十六冊　《夢溪筆談》二十六卷
〈補筆談〉一卷〈續筆談〉一卷　宋沈括撰

第一百八十七冊　《宋景文公筆記》[54]三卷　宋宋祁撰
　　　　　　　　《芥隱筆記》一卷　宋龔頤正撰

第一百八十八至一百八十九冊　《文昌雜錄》六卷〈補
遺〉一卷　宋龐元英撰

第一百九十冊　《鼠璞》二卷　宋戴埴撰
　　　　　　　　《袪疑說》[55]一卷　宋儲泳[56]撰

第十四集

第一百九十一冊[57]　《春明退朝錄》三卷　宋宋敏求撰

第一百九十二至一百九十三冊　《避暑錄話》二卷　宋
葉夢得撰

第一百九十四至一百九十五冊　《曲洧舊聞》十卷　宋

---

[54] 原文誤作「《宋景文筆記》」，今更之。

[55] 原文誤作「《袪疑說》」，今更之。

[56] 王雲五《續修四庫全書提要》漏一「泳」字。

[57] 王雲五《續修四庫全書提要》誤作「第一百十一冊」。

朱弁[58]撰

第一百九十六冊 《卻掃編》三卷 宋徐度撰

第一百九十七至二百零二冊 《齊東野語》二十卷 宋周密撰

第十五集

第二百零三至二百零四冊 《冷齋夜話》十卷 宋釋惠洪撰

第二百零五至二百零六冊 《春渚紀聞》十卷 宋何薳撰

第二百零七冊 《師友談記》一卷 宋李廌[59]撰

第二百零七至二百零八冊 《東坡志林》五卷 宋蘇軾撰

第二百零九至二百一十冊 《老學庵筆記》十卷 宋陸游撰

第二百十一至二百十二冊 《貴耳集》一卷〈二集〉一卷〈三集〉一卷 宋張端義撰

第二百一十二冊 《閒居錄》一卷 元吾邱衍撰

第二百一十三冊 《瑯嬛記》[60]三卷 元伊世珍撰

第二百一十四冊 《學古編》一卷 元吾邱衍撰

《丸經》二卷 佚名撰

《歙州硯譜》一卷 宋唐積撰

《歙硯說》一卷〈辨歙石說〉一卷

---

[58] 王雲五《續修四庫全書提要》誤作「朱井」。

[59] 王雲五《續修四庫全書提要》誤作「李薦」。

[60] 原文誤作「《瑯環記》」，今更之。

佚名撰

第二百十五冊　　《硯史》一卷　宋米芾撰

《端溪硯譜》一卷　宋葉樾撰

《墨經》一卷　宋晁貫之撰

《雲林石譜》三卷　宋杜綰撰

第二百十六冊　　《香譜》二卷　佚名撰

《茶經》三卷　唐陸羽撰

《糖霜譜》[61]一卷　宋王灼撰

第十六集

第二百十七至二百十九冊　《搜神記》二十卷　晉干寶撰

第二百十九冊　《搜神後記》十卷　晉陶潛撰

第二百二十冊　《異苑》十卷　宋劉敬叔撰

第二百二十一至二百二十五冊　《酉陽雜俎》二十卷〈續集〉十卷　唐段成式撰

第二百二十六冊　《開天傳信記》一卷　唐鄭棨撰

《杜陽雜編》三卷　唐蘇鶚[62]撰

《甘澤謠》一卷　唐袁郊撰

第二百二十七冊　《劇談錄》二卷　唐康駢撰　〈續錄〉佚名撰

《前定錄》一卷〈續錄〉一卷　唐鍾輅撰　《續錄》佚名撰

---

61 王雲五《續修四庫全書提要》誤作「《精霜譜》」。
62 原文誤作「蘇鄂」，今更之。

第二百二十八冊 《稽神錄》六卷〈拾遺〉一卷 宋徐鉉撰

第十七集

第二百二十九至二百三十冊 《唐摭言》十五卷 五代王定保撰

第二百三十一至二百三十二冊 《鑒戒錄》十卷 蜀何光遠撰

第二百三十三至二百三十四冊 《南部新書》十卷 宋錢易撰

第二百三十五至二百三十七冊 《涑水記聞》十六卷 宋司馬光撰

第二百三十八冊 《王文正筆錄》一卷 宋王曾撰
             《歸田錄》二卷 宋歐陽修撰
             《國老談苑》二卷 宋王君玉撰

第二百三十九冊 《茅亭客話》十卷 宋黃休復撰

第二百四十冊 《道山清話》一卷 宋王暐撰
             《孫公談圃》三卷 宋孫升撰

第二百四十一至二百四十二冊 《湘山野錄》三卷〈續錄〉一卷 宋釋文瑩撰

第十八集

第二百四十三至二百四十五冊 《邵氏聞見前錄》二十卷 宋邵伯溫[63]撰

第二百四十六至二百四十九冊 《邵氏聞見後錄》三十

---

[63] 王雲五《續修四庫全書提要》將「邵」字誤作「劭」字。

卷　宋邵博[64]撰

第二百五十至二百五十五冊　《揮麈前錄》四卷〈後錄〉十一卷〈三錄〉三卷〈餘話〉二卷　宋王明清撰

第二百五十六冊　《玉照新志》五卷　宋王明清撰

第十九集

第二百五十七至二百五十九冊　《桯史》十五卷〈附錄〉一卷　　宋岳珂撰

第二百五十九至二百六十二冊　《癸辛雜識前集》[65]一卷〈續集〉二卷〈別集〉二卷　宋周密撰

第二百六十三冊　《錦帶書》一卷　梁蕭統撰

　　　　　　　　《歲華紀麗》四卷　唐韓鄂撰

第二百六十四冊　《龍筋鳳髓判》二卷　唐張鷟撰

第二百六十五至二百六十六冊　《蒙求集註》二卷　晉李瀚撰

第二十集

第二百六十七至二百六十八冊　《道德指歸論》六卷　漢嚴遵撰

第二百六十九至二百七十二冊　《古文參同契集解》三卷　　明蔣一彪輯

第二百七十三冊　《胎息經》一卷　幻真先生註

第二百七十三至二百七十六冊　《真誥》二十卷　梁陶弘景撰

---

[64] 王雲五《續修四庫全書提要》將「邵」字誤作「劭」字。

[65] 原文誤作「《癸辛雜志前集》」，今更之。

　　第二百七十七至二百七十八冊　　《象教皮編》六卷　明
陳士元撰
　　第二百七十九冊　《樂府古題要解》二卷　唐吳兢撰
　　　　　　　　　　《詩品》三卷　梁鍾嶸撰
　　　　　　　　　　《二十四詩品》一卷　唐司空圖撰
　　第二百八十冊　《風騷旨格》一卷　唐釋齊己撰
　　　　　　　　　《四六話》二卷　宋王銍[66]撰
　　　　　　　　　《四六談麈》一卷　宋謝伋撰[67]

　　從兩書的著錄中可以發現，王雲五主編的《續修四庫全書提
要》錯誤較多，使用上須格外小心謹慎。
　　兩書均在開頭處著錄「《學津討原》一百七十二種，一千
四十三卷。」卻在〈提要〉說「《學津討原》一百七十二種，一
千四十二卷。」[68]同一書中卻有不盡相同的著錄產生，實在令人
費解。此〈叢書子目類編〉的收書數目和卷數，第一集收書八
種，四十六卷；第二集收書八種，五十七卷；第三集收書八種，
三十九卷；第四集收書六種，四十九卷；第五集收書四種，五十
五卷；第六集收書十三種，四十四卷；第七集收書十一種，五十

[66] 王雲五《續修四庫全書提要》漏一「銍」字。
[67] 中國科學院圖書館整理：《續修四庫全書總目提要（稿本）・叢部・雜叢類・清中期・學津討原》第三十一冊（濟南：齊魯書社，1996年12月），頁212-214。王雲五主編：《續修四庫全書提要・子部・雜叢類・學津討原》第一冊（臺北：臺灣商務印書館，民國61年3月），頁235-245。
[68] 中國科學院圖書館整理：《續修四庫全書總目提要（稿本）・叢部・雜叢類・清中期・學津討原》第三十一冊，頁211。王雲五主編：《續修四庫全書提要・子部・雜叢類・學津討原》第一冊，頁234。

一卷；第八集收書十一種，四十五卷；第九集收書十一種，二十三卷；第十集收書五種，四十四卷；第十一集收書六種，七十六卷；第十二集收書九種，五十三卷；第十三集收書八種，五十四卷；第十四集收書五種，三十八卷；第十五集收書十九種，六十一卷；第十六集收書十種，八十六卷；第十七集收書十一種，七十四卷；第十八集收書四種，七十五卷；第十九集收書六種，三十卷；第二十集收書十一種，四十六卷。共計收書一百七十四種，一千零四十六卷。

（五）北京圖書館善本組編《1911-1984影印善本書目錄》
　　　所著錄的收書數目和卷數如下：

《學津討原》二十集一百七十二種　清張海鵬輯
民國十一年[69]上海涵芬樓影印張氏照曠閣[70]清嘉慶刻本
第一集
　　《子夏易傳》十一卷　周卜商撰
　　《周易集解》十七卷　唐李鼎祚撰
　　《蘇氏易傳》九卷　宋蘇軾撰
　　《京氏易傳》三卷　漢京房撰　吳陸績注
　　《關氏易傳》一卷　後魏關朗撰　唐趙蕤注
　　《周易略例》一卷　魏王弼撰　唐邢璹注
　　《周易舉正》三卷　唐郭京撰

---

[69] 遺漏「十一」二字，今補之。
[70] 原文誤題為「曠照閣」，今更之。

《麻衣道者正易心法》一卷 宋陳摶受并消息

第二集

《尚書鄭注》十卷 漢鄭玄撰 宋王應麟輯 清孔廣林增訂

《尚書中候鄭注》五卷 漢鄭玄撰 清孔廣林輯

《東坡書傳》二十卷 宋蘇軾撰

《詩序辨說》一卷 宋朱熹撰

《詩攷》一卷 宋王應麟撰

《詩地理攷》六卷 宋王應麟撰

《毛詩草木鳥獸蟲魚疏廣要》二卷 明毛晉撰

《韓詩外傳》十卷 漢韓嬰撰

第三集

《太平經國之書》十一卷〈首〉一卷 宋鄭伯謙撰

《儀禮逸經傳》二卷 元吳澄撰

《春秋微旨》三卷 唐陸淳撰

《春秋金鑰匙》一卷 元趙汸撰

《春秋胡傳考誤》一卷 明袁仁撰

《癸巳論語解》十卷 宋張栻撰

《司馬氏書儀》十卷 宋司馬光撰

《皇祐新樂圖記》三卷 宋阮逸、胡瑗撰

第四集

《爾雅鄭註》三卷 宋鄭樵撰

《爾雅翼》三十二卷〈序〉一卷 元羅順撰 〈序〉元洪焱祖釋

《急就篇》四卷〈正文〉一卷 漢史游撰 唐顏師古注

宋王應麟音釋

《九經補韻》一卷　宋楊伯嵒撰

《毛詩古音考》四卷〈附錄〉一卷〈讀詩拙言〉一卷

明陳第撰

《屈宋古音義》三卷　明陳第撰

第五集

《稽古錄》二十卷　宋司馬光撰

《通鑑地理通釋》十四卷　宋王應麟撰

《續宋編年資治通鑑》十五卷　宋劉時舉撰

《宋季三朝政要》六卷　宋□□撰

第六集

《西京雜記》六卷　晉葛洪撰

《大唐創業起居注》三卷　唐溫大雅撰

《吳越備史》四卷〈補遺〉一卷　宋范坰　林禹撰

《靖康紀聞》一卷〈拾遺〉一卷[71]　宋丁特起撰

《北狩見聞錄》一卷　宋曹勛撰

《建炎維揚遺錄》一卷　宋□□撰

《建炎復辟記》一卷　宋□□撰

《松漠紀聞》一卷〈續〉一卷〈補遺〉一卷　宋洪皓撰

《西使記》一卷　元劉郁撰

《燕翼詒謀錄》[72]五卷　宋王栐撰

《庚申外史》一卷　明權衡撰

---

[71] 原文遺漏「一」字，今補之。

[72] 原文誤題書名為「《燕翼貽謀錄》」，今更之。

《復辟錄》一卷　明楊瑄撰

《綏寇紀略》十二卷〈補遺〉三卷　清吳偉業撰

第七集

《洛陽伽藍記》五卷　後魏楊衒之撰

《洛陽名園記》一卷　宋李格非撰

《東京夢華錄》十卷　宋孟元老撰

《夢粱錄》二十卷　宋吳自牧撰

《吳地記》一卷〈後集〉一卷　唐陸廣微撰　《後集》

宋□□輯

《吳郡圖經續記》三卷　宋朱長文撰

《佛國記》一卷　晉釋法顯撰

《諸蕃志》二卷　宋趙汝适撰

《益部方物略記》一卷　宋宋祁撰

《閩中海錯疏》三卷　明屠本竣撰　徐𤊶補疏

《海語》三卷　明黃衷撰

第八集

《漢制攷》四卷　宋王應麟撰

《唐國史補》三卷　唐李肇撰

《淳熙玉堂雜記》三卷　宋周必大撰

《明宮史》五卷　明劉若愚撰　呂毖輯

《州縣提綱》四卷　宋陳襄撰

《官箴》一卷　宋呂本中撰

《晝簾緒論》一卷　宋胡太初撰

《唐史論斷》三卷〈附錄〉一卷　宋孫甫撰

《通鑑問疑》一卷　宋劉義仲撰

《泉志》十五卷　宋洪遵撰

《子略》四卷〈目〉一卷　宋高似孫撰

第九集

《周髀算經》二卷附〈音義〉一卷　漢趙爽注　北周甄
鸞重述　唐李淳風等注釋　〈音義〉宋李籍撰

《數術記遺》一卷　漢徐岳撰　北周甄鸞注

《易林》四卷〈首〉一卷　漢焦贛撰

《元包經傳》五卷　北周衛元嵩撰　唐蘇源明傳　唐李
江注　宋韋漢卿音釋

《元包數總義》二卷　宋張行成撰

《六經天文編》二卷　宋王應麟撰

《宅經》二卷　□□□注

《青烏先生葬經》一卷　漢青烏子撰　金兀欽仄注

《古本葬書》一卷　晉郭璞撰

《葬經翼》不分卷〈圖〉一卷　明繆希雍撰

第十集

《齊民要術》十卷　後魏賈思勰撰

《耒耜經》一卷　唐陸龜蒙撰

《紀效新書》十八卷〈首〉一卷　明戚繼光撰

《八陣合變圖說》一卷　明龍正撰

《增廣太平惠民和劑局方》十卷〈用藥總論〉三卷　宋
陳師文等編

第十一集

《法書要錄》十卷　唐張彥遠撰

《歷代名畫記》十卷　唐張彥遠撰

《圖畫見聞誌》六卷　宋郭若虛撰

《宣和書譜》二十卷　宋□□撰

《宣和畫譜》二十卷　宋□□撰

《畫繼》十卷　宋鄧椿撰

第十二集

《忠經》一卷　漢馬融撰　漢鄭玄注

《鶡冠子》三卷　宋陸佃解

《郁離子》二卷　明劉基撰

《意林》五卷　唐馬總輯

《李氏刊誤》二卷　唐李涪撰

《攷古編》十卷　宋程大昌撰

《演繁露》十六卷〈續集〉六卷　宋程大昌撰

《西溪叢語》二卷　宋姚寬撰

《學齋佔畢》四卷　宋史繩祖撰

第十三集

《封氏聞見記》十卷　唐封演撰

《東觀餘論》二卷〈附錄〉一卷　宋黃伯思撰

《夢溪筆談》二十六卷〈補筆談〉一卷〈續筆談〉一卷
宋沈括撰

《宋景文公筆記》三卷　宋宋祁撰

《芥隱筆記》一卷　宋龔頤正撰

《文昌雜錄》六卷〈補遺〉一卷　宋龐元英撰

《鼠璞》二卷　宋戴埴撰

《袪疑說》一卷　宋儲泳撰

第十四集

《春明退朝錄》三卷　宋宋敏求撰

《避暑錄話》二卷　宋葉夢得撰

《曲洧舊聞》十卷　宋朱弁撰

《卻掃編》三卷　宋徐度撰

《齊東野語》二十卷　宋周密撰

第十五集

《冷齋夜話》十卷　宋釋惠洪撰

《春渚紀聞》十卷　宋何薳撰

《師友談記》一卷　宋李廌撰

《東坡志林》五卷　宋蘇軾撰

《老學庵筆記》十卷　宋陸游撰

《貴耳集》三卷　宋張端義撰

《閒居錄》一卷　元吾丘衍撰

《瑯嬛記》三卷　元伊世珍撰

《學古編》一卷　元吾丘衍撰

《丸經》二卷　元□□撰

《歙州硯譜》一卷　宋唐積撰

《歙硯說》一卷〈辨歙石說〉一卷　宋曹紹撰

《硯史》一卷　宋米芾撰

《端溪硯譜》一卷　宋□□撰　宋葉樾訂

《墨經》一卷　宋晁貫之撰

《雲林石譜》三卷　宋杜綰撰

《香譜》二卷　宋洪芻撰

《茶經》三卷　唐陸羽撰

《糖霜譜》一卷　宋王灼撰

第十六集

　　《搜神記》二十卷　晉干寶撰

　　《搜神後記》十卷　晉陶潛撰

　　《異苑》十卷　劉宋劉敬叔撰

　　《酉陽雜俎》二十卷〈續集〉十卷　唐段成式撰

　　《開天傳信記》一卷　唐鄭綮撰

　　《杜陽雜編》三卷　唐蘇鶚撰

　　《甘澤謠》一卷〈附錄〉一卷　唐袁郊撰

　　《劇談錄》二卷　唐康駢撰

　　《前定錄》一卷〈續〉一卷　唐鍾輅撰

　　《稽神錄》六卷〈拾遺〉一卷　宋徐鉉撰

第十七集

　　《唐摭言》十五卷　南漢王定保撰

　　《鑒誡錄》十卷　後蜀何光遠撰

　　《南部新書》十卷　宋錢易撰

　　《涑水記聞》十六卷　宋司馬光撰

　　《王文正筆錄》一卷　宋王曾撰

　　《歸田錄》二卷　宋歐陽修撰

　　《國老談苑》二卷　宋王君玉撰

　　《茅亭客話》十卷　宋黃休復撰

　　《道山清話》一卷　宋王□撰

　　《孫公談圃》三卷　宋孫升述　宋劉延世錄

　　《湘山野錄》三卷〈續〉一卷　宋釋文瑩撰

第十八集

　　《河南邵氏聞見前錄》二十卷　宋邵伯溫撰

《河南邵氏聞見後錄》三十卷　宋邵博撰

《揮麈前錄》四卷〈後錄〉十一卷〈三錄〉三卷〈餘話〉二卷　宋王明清撰

《玉照新志》五卷　宋王明清撰

第十九集

《桯史》十五卷〈附錄〉一卷　宋岳珂撰

《癸辛雜識前集》一卷〈後集〉一卷〈續集〉二卷〈別集〉二卷宋周密撰

《錦帶書》一卷　梁蕭統撰

《歲華紀麗》四卷　唐韓鄂撰

《龍筋鳳髓判》二卷　唐張鷟撰

《蒙求》正文一卷〈集註〉二卷　後晉李瀚撰　宋徐子光補注

第二十集

《道德指歸論》六卷　漢嚴遵撰

《古文參同契集解》三卷〈箋註集解〉三卷〈三相類集解〉二卷　明蔣一彪輯

《胎息經》一卷　□幻真先生注

《真誥》二十卷　梁陶弘景撰

《象教皮編》六卷　明陳士元輯

《樂府古題要解》二卷　唐吳兢撰

《詩品》三卷　梁鍾嶸撰

《詩品二十四則》一卷　唐司空圖撰

《風騷旨格》一卷　唐釋齊己撰

《四六話》二卷　宋王銍撰

《四六談麈》一卷　宋謝伋撰[73]

　　《1911-1984影印善本書目錄》著錄《學津討原》第一集收書八種，四十六卷；第二集收書八種，五十五卷；第三集收書八種，四十二卷；第四集收書六種，五十一卷；第五集收書四種，五十五卷；第六集收書十三種，四十五卷；第七集收書十一種，五十一卷；第八集收書十一種，四十六卷；第九集收書十種，二十四卷；第十集收書五種，四十四卷；第十一集收書六種，七十六卷；第十二集收書九種，五十一卷；第十三集收書八種，五十五卷；第十四集收書五種，三十八卷；第十五集收書十九種，六十一卷；第十六集收書十種，八十七卷；第十七集收書十一種，七十四卷；第十八集收書四種，七十五卷；第十九集收書六種，三十二卷；第二十集收書十一種，五十一卷；共計收書一百七十三種，一千零五十九卷。

　　（六）中國古籍總目編纂委員會編《中國古籍總目‧叢書部》著錄的收書數目和卷數如下：

　　《學津討原》一百七十三種　清張海鵬編
　　第一集
　　　《子夏易傳》十一卷
　　　《周易集解》十七卷　唐李鼎祚撰

[73] 北京圖書館善本組編：《1911-1984影印善本書目錄》（北京：中華書局，1992年6月），頁202-209。

《蘇氏易傳》九卷　宋蘇軾撰

《京氏易傳》三卷　漢京房撰　吳陸績注

《關氏易傳》一卷　題北魏關朗撰　唐趙蕤注

《周易略例》一卷　魏王弼撰　唐刑璹注

《周易舉正》三卷　唐郭京撰

《麻衣道者正易心法》一卷

第二集

《尚書鄭注》十卷　漢鄭玄撰　宋王應麟輯　清孔廣林

增訂

《尚書中候鄭注》五卷　漢鄭玄撰　清孔廣林輯

《東坡書傳》二十卷　宋蘇軾撰

《詩序》一卷　宋朱熹辨說

《詩考》一卷　宋王應麟撰

《詩地理考》六卷　宋王應麟撰

《毛詩草木鳥獸蟲魚疏廣要》二卷　明毛晉撰

《韓詩外傳》十卷　漢韓嬰撰

第三集

《太平經國之書》十一卷〈首〉一卷　宋鄭伯謙撰

《儀禮逸經傳》二卷　元吳澄撰

《春秋微旨》三卷　唐陸淳撰

《春秋金鑰匙》一卷　元趙汸撰

《春秋胡傳考誤》一卷　明袁仁撰

《癸巳論語解》十卷　宋張栻撰

《司馬氏書儀》十卷　宋司馬光撰

《皇祐新樂圖記》三卷　宋阮逸、胡瑗等撰

第四集

　　《爾雅鄭註》三卷　宋鄭樵撰

　　《爾雅翼》三十二卷　元羅順撰　元洪焱祖音釋

　　《急就篇》四卷〈正文〉一卷　漢史游撰　唐顏師古注
宋王應麟音釋

　　《九經補韻》一卷　宋楊伯嵒撰

　　《毛詩古音考》四卷〈讀詩拙言〉一卷　明陳第撰

附

　　〈古音考附錄〉一卷　清張海鵬撰

　　《屈宋古音義》三卷　明陳第撰

第五集

　　《稽古錄》二十卷　宋司馬光撰

　　《通鑑地理通釋》十四卷　宋王應麟撰

　　《續宋編年資治通鑑》十五卷　宋劉時舉撰

　　《宋季三朝政要》六卷

第六集

　　《西京雜記》六卷　題晉葛洪撰

　　《大唐創業起居注》三卷　唐溫大雅撰

　　《吳越備史》四卷〈補遺〉一卷　宋范坰、林禹撰

　　《靖康紀聞》一卷〈拾遺〉一卷　宋丁特起撰

　　《北狩見聞錄》一卷　宋曹勛撰

　　《建炎維揚遺錄》一卷

　　《建炎復辟記》一卷

　　《松漠紀聞》一卷〈續〉一卷〈補遺〉一卷　宋洪皓撰

　　《西使記》一卷　元劉郁撰

《燕翼詒謀錄》[74]五卷　宋王栐撰

《庚申外史》一卷　明權衡撰

《復辟錄》一卷　明楊瑄撰

《綏寇紀略》十二卷〈補遺〉三卷　清吳偉業撰

第七集

《洛陽伽藍記》五卷　北魏楊衒之撰

《洛陽名園記》一卷　宋李格非撰

《東京夢華錄》十卷　宋孟元老撰

《夢粱錄》二十卷　宋吳自牧撰

《吳地記》一卷〈後集〉一卷　唐陸廣微撰

《吳郡圖經續記》三卷　宋朱長文撰

《佛國記》一卷　晉釋法顯撰

《諸蕃志》二卷　宋趙汝适撰

《益部方物略記》一卷　宋宋祁撰

《閩中海錯疏》三卷　明屠本竣撰　明徐爌補疏

《海語》三卷　明黃衷撰

第八集

《漢制考》四卷　宋王應麟撰

《唐國史補》三卷　唐李肇撰

《淳熙玉堂雜記》三卷　宋周必大撰

《明宮史》五卷　明劉若愚撰　呂毖輯

《州縣提綱》四卷　宋陳襄撰

《官箴》一卷　宋呂本中撰

---

[74] 原文誤題書名為「《燕翼貽謀錄》」，今更之。

《畫簾緒論》一卷　宋胡太初撰

《唐史論斷》三卷〈附錄〉一卷　宋孫甫撰

《通鑑問疑》一卷　宋劉義仲撰

《泉志》十五卷　宋洪遵撰

《子略》四卷〈目〉一卷　宋高似孫撰

第九集

《周髀算經》二卷〈音義〉一卷　題漢趙君卿注　北周甄鸞重述　唐李淳風等注釋　宋李籍〈音義〉

《數術記遺》一卷　題漢徐岳撰　北周甄鸞註

《易林》四卷〈首〉一卷　題漢焦延壽撰

《元包經傳》五卷　北周衛元嵩撰　唐蘇源明傳　唐李江注　宋韋漢卿音釋

附

〈元包數總義〉二卷　宋張行成撰

《六經天文編》二卷　宋王應麟撰

《宅經》二卷

《青烏先生葬經》一卷　金兀欽仄注

《古本葬書》一卷　題晉郭璞撰

《葬經翼》一卷〈圖〉一卷〈難解二十四篇〉一卷　明繆希雍撰

第十集

《齊民要術》十卷〈雜說〉一卷　北魏賈思勰撰

《耒耜經》一卷　唐陸龜蒙撰

《紀效新書》十八卷〈首〉一卷　明戚繼光撰

《八陣合變圖說》一卷　明龍正撰

　　《增廣太平惠民和劑局方》十卷〈用藥總論〉三卷　宋
　陳師文等撰
　第十一集
　　《法書要錄》十卷　唐張彥遠輯
　　《歷代名畫記》十卷　唐張彥遠撰
　　《圖畫見聞誌》六卷　宋郭若虛撰
　　《宣和書譜》二十卷
　　《宣和畫譜》二十卷
　　《畫繼》十卷　宋鄧椿撰
　第十二集
　　《忠經》一卷　題漢馬融撰　漢鄭玄注
　　《鶡冠子》三卷　宋陸佃撰
　　《郁離子》二卷　明劉基撰
　　《意林》五卷〈補遺〉一卷　唐馬總輯
　　　　　　　（〈補遺〉）清張海鵬增訂
　　《李氏刊誤》二卷　唐李涪撰
　　《考古編》十卷　宋程大昌撰
　　《演繁露》十六卷〈續集〉六卷　宋程大昌撰
　　《西溪叢語》二卷　宋姚寬撰
　　《學齋佔畢》四卷　宋史繩祖撰
　第十三集
　　《封氏聞見記》十卷　唐封演撰
　　《東觀餘論》二卷〈附錄〉一卷　宋黃伯思撰
　　《夢溪筆談》二十六卷〈補筆談〉一卷〈續筆談〉一卷
　宋沈括撰

《宋景文公筆記》三卷　宋宋祁撰

《芥隱筆記》一卷　宋龔頤正撰

《文昌雜錄》六卷〈補遺〉一卷　宋龐元英撰

《鼠璞》二卷　宋戴埴撰

《袪疑說》[75]一卷　宋儲泳撰

第十四集

《春明退朝錄》三卷　宋宋敏求撰

《避暑錄話》二卷　宋葉夢得撰

《曲洧舊聞》十卷　宋朱弁撰

《卻掃編》三卷　宋徐度撰

《齊東野語》二十卷　宋周密撰

第十五集

《冷齋夜話》十卷　宋釋惠洪撰

《春渚紀聞》十卷　宋何薳撰

《師友談記》一卷　宋李廌撰

《東坡志林》五卷　宋蘇軾撰

《老學庵筆記》十卷　宋陸游撰

《貴耳集》三卷　宋張端義撰

《閒居錄》一卷　元吾丘衍撰

《瑯嬛記》三卷　元伊世珍撰

《學古編》一卷　元吾丘衍撰

《丸經》二卷

《歙州硯譜》一卷

---

[75] 原文誤題書名為「《袪疑說》」，今更之。

《歙硯說》一卷〈辨歙石說〉一卷

《硯史》一卷　宋米芾撰

《端溪硯譜》一卷　宋葉樾訂

《墨經》一卷　宋晁貫之撰

《雲林石譜》三卷　宋杜綰撰

《香譜》二卷　宋洪芻撰

《茶經》三卷　唐陸羽撰

《糖霜譜》一卷　宋王灼撰

第十六集

《搜神記》二十卷　題晉干寶撰

《搜神後記》十卷　題晉陶潛撰

《異苑》十卷　南朝宋劉敬叔撰

《酉陽雜俎》二十卷〈續集〉十卷　唐段成式撰

《開天傳信記》一卷　唐鄭綮撰

《杜陽雜編》三卷　唐蘇鶚撰

《甘澤謠》一卷〈附錄〉一卷　唐袁郊撰

《劇談錄》二卷　唐康駢撰

《前定錄》一卷〈續〉一卷　唐鍾輅撰

《稽神錄》六卷〈拾遺〉一卷　宋徐鉉撰

第十七集

《唐摭言》十五卷　五代王定保撰

《鑒誡錄》十卷　後蜀何光遠撰

《南部新書》十卷　宋錢易撰

《涑水記聞》十六卷　宋司馬光撰

《王文正筆錄》一卷　宋王曾撰

《歸田錄》二卷　宋歐陽修撰

《國老談苑》二卷　宋王君玉撰

《茅亭客話》十卷　宋黃休復撰

《道山清話》一卷

《孫公談圃》三卷　宋孫升述　宋劉延世錄

《湘山野錄》三卷〈續錄〉一卷　宋釋文瑩撰

第十八集

《河南邵氏聞見前錄》二十卷　宋邵伯溫撰

《河南邵氏聞見後錄》三十卷　宋邵博撰

《揮塵前錄》四卷〈後錄〉十一卷〈三錄〉三卷〈餘話〉二卷　宋王明清撰

《玉照新志》五卷　宋王明清撰

第十九集

《桯史》十五卷〈附錄〉一卷　宋岳珂撰

《癸辛雜識前集》一卷〈後集〉一卷〈續集〉二卷〈別集〉二卷宋周密撰

《錦帶書》一卷　梁蕭統撰

《歲華紀麗》四卷　唐韓鄂撰

《龍筋鳳髓判》二卷　唐張鷟撰

《蒙求》正文二卷〈集註〉二卷　後晉李瀚撰　宋徐子光集註

第二十集

《道德指歸論》六卷　題漢嚴遵撰

《參同契》三種　明蔣一彪輯

《古文參同契集解》三卷　題漢魏伯陽撰

《古文參同契箋註集解》三卷　題漢徐景休撰

《古文參同契三相類集解》二卷　題漢淳于叔通補遺

《胎息經》一卷　題□幻真先生注

《真誥》二十卷　梁陶弘景撰

《象教皮編》六卷　明陳士元輯

《樂府古題要解》二卷　唐吳兢撰

《詩品》三卷　梁鍾嶸撰

《詩品二十四則》一卷　唐司空圖撰

《風騷旨格》一卷　唐釋齊己撰

《四六話》二卷　宋王銍撰

《四六談麈》一卷　宋謝伋撰[76]

　　《中國古籍總目‧叢書部》著錄《學津討原》第一集收書八種，四十六卷；第二集收書八種，五十五卷；第三集收書八種，四十二卷；第四集收書六種，五十卷；第五集收書四種，五十五卷；第六集收書十三種，四十五卷；第七集收書十一種，五十一卷；第八集收書十一種，四十六卷；第九集收書九種，二十五卷；第十集收書五種，四十五卷；第十一集收書六種，七十六卷；第十二集收書九種，五十二卷；第十三集收書八種，五十五卷；第十四集收書五種，三十八卷；第十五集收書十九種，六十一卷；第十六集收書十種，八十七卷；第十七集收書十一種，七十四卷；第十八集收書四種，七十五卷；第十九集收書六種，三

---

[76] 中國古籍總目編纂委員會編：《中國古籍總目‧叢書部》（北京：中華書局、上海：上海古籍出版社，2009年10月），頁410-413。

十三卷；第二十集收書十三種，五十一卷；共計收書一百七十四種，一千零六十二卷。收書的數目較開頭著錄的一百七十三種多出一種。

其他如劉尚恆《古籍叢書概說》著錄「該書計收子書一百七十餘種，分為二十集。」[77]李春光《古籍叢書述論》著錄「總計收書一百七十二種，前後二十集。」[78]同樣是李春光所撰寫的〈張海鵬和《學津討原》〉一文，亦記載「總計收書172種，共二十集。」[79]金聲〈清代著名刻書家張海鵬〉記載「共收書173種，合1030餘卷。」[80]

在這麼多的相關著錄之中，沒有觀點是完全相同的。也許正是基於這個原因，劉尚恆在收書數目上、金聲在卷數上的統計，才有所保留，不敢明確指出數目。

筆者認為，這些統計的結果，和學者們個人主觀的意見有很大的關係，大多是書籍分合和附錄、補遺的卷數是否成卷的問題所造成的。這些雖然可代表研究者自己的意見，但筆者認為，我們仍須以原編刻者，張海鵬自己的著錄為優先考量。他在《學津討原》中有一篇〈總目〉，詳計各集的收書數目和卷數，筆者引述如下：

---

[77] 劉尚恆：《古籍叢書概說》，頁100。
[78] 李春光：《古籍叢書述論》（瀋陽：遼瀋書社，1991年10月），頁159。
[79] 李春光：〈張海鵬和《學津討原》〉，頁72。
[80] 金聲：〈清代著名刻書家張海鵬〉，《新聞出版交流》1期（2000年），頁25。

《學津討原·總目》：
第一集
　　《子夏易傳》十一卷
　　《周易集解》十七卷
　　《蘇氏易傳》九卷
　　《京氏易傳》三卷
　　《關氏易傳》一卷
　　《周易略例》一卷
　　《周易舉正》三卷
　　《正易心法》一卷
第二集
　　《尚書鄭注》十卷
　　《尚書中候鄭注》五卷
　　《蘇氏書傳》二十卷
　　《詩序》一卷
　　《三家詩考》一卷
　　《詩地理考》六卷
　　《毛詩陸疏廣要》四卷
　　《韓詩外傳》十卷
第三集
　　《太平經國之書》十一卷
　　《儀禮逸經傳》二卷
　　《春秋微旨》三卷
　　《春秋金鎖匙》一卷
　　《春秋胡傳考悞》一卷

《癸巳論語解》十卷

《溫公書儀》十卷

《皇祐新樂圖記》三卷

第四集

《爾雅鄭注》三卷

《爾雅翼》三十二卷

《急就篇》四卷

《九經補韻》一卷

《毛詩古音考》六卷內〈讀詩拙疑〉一卷、〈附錄〉
一卷

《屈宋古音義》三卷

第五集

《稽古錄》二十卷

《通鑑地理通釋》十四卷

《續宋編年資治通鑑》十五卷

《宋季三朝政要》六卷

第六集

《西京雜記》六卷

《大唐創業起居注》三卷

《吳越備史》四卷〈補遺〉一卷

《靖康記聞》一卷〈拾遺〉一卷

《北狩見聞錄》一卷

《建炎維揚遺錄》一卷

《建炎復辟記》一卷

《松漠紀聞》一卷〈續〉一卷

《西使記》一卷

《燕翼詒謀錄》五卷

《庚申外史》一卷

《復辟錄》一卷

《綏寇紀略》十二卷〈補遺〉三卷

第七集

《洛陽伽藍記》五卷

《洛陽名園記》一卷

《東京夢華錄》十卷

《夢梁錄》二十卷

《吳地記》一卷〈後集〉一卷

《吳郡圖經續記》三卷

《佛國記》一卷

《諸蕃志》二卷

《益部方物略記》一卷

《閩中海錯疏》三卷

《海語》三卷

第八集

《漢制考》四卷

《唐國史補》三卷

《玉堂雜記》三卷

《明宮史》五卷

《州縣提綱》四卷

《官箴》一卷

《晝廉緒論》一卷

《唐史論斷》三卷

《通鑑問疑》一卷

《泉志》十五卷

《子略》四卷〈目錄〉一卷

第九集

《周髀算經》二卷〈音義〉一卷

《數術記遺》一卷

《焦氏易林》四卷

《元包》五卷〈元包數總義〉二卷

《六經天文編》二卷

《宅經》二卷

《葬經》一卷

《葬書》一卷

《葬經翼》一卷

第十集

《齊民要術》十卷

《耒耜經》一卷

《紀效新書》十八卷

《八陣合變圖說》[81]一卷

《增廣太平惠民和劑局方》十卷〈總論〉三卷

第十一集

《法書要錄》十卷

《歷代名畫記》十卷

---

[81] 原文誤作「《八陣圖合變說》」，今依《學津討原》原書更之。

《圖畫見聞志》六卷

《宣和書譜》二十卷

《宣和畫譜》二十卷

《畫繼》十卷

第十二集

《忠經》一卷

《鶡冠子》三卷

《郁離子》二卷

《意林》五卷

《李氏刊悞》二卷

《考古編》十卷

《演繁露》十六卷〈續演繁露〉六卷

《西溪叢語》二卷

《學齋佔畢》四卷

第十三集

《封氏聞見記》十卷

《東觀餘論》二卷

《夢溪筆談》二十六卷〈補〉、〈續筆談〉一卷

《宋景文公筆記》[82] 三卷

《芥隱筆記》一卷

《文昌雜錄》七卷

《鼠璞》二卷

《祛疑說》一卷

---

[82] 原文誤作「《宋景文筆記》」，今更之。

第十四集

   《春明退朝錄》三卷

   《避暑錄話》二卷

   《曲洧舊聞》十卷

   《卻掃編》三卷

   《齊東野語》二十卷

第十五集

   《冷齋夜話》十卷

   《春渚紀聞》十卷

   《師友談記》一卷

   《東坡志林》五卷

   《老學庵筆記》十卷

   《貴耳集》一卷〈二集〉一卷〈三集〉一卷

   《閒居錄》一卷

   《瑯嬛記》三卷

   《學古編》一卷

   《九經》二卷

   《歙州硯譜》一卷

   《歙硯說》一卷〈辨歙石說〉一卷

   《硯史》一卷

   《端溪硯譜》一卷

   《墨經》一卷

   《雲林石譜》三卷

   《香譜》二卷

   《茶經》三卷

《糖霜譜》一卷

第十六集

《搜神記》二十卷

《搜神後記》十卷

《異苑》十卷

《酉陽雜俎》二十卷〈續集〉十卷

《開天傳信記》一卷

《杜陽雜編》三卷

《甘澤謠》一卷

《劇談錄》二卷

《前定錄》一卷〈續錄〉一卷

《稽神錄》六卷

第十七集

《唐摭言》十五卷

《鑑戒錄》十卷

《南部新書》十卷

《涑水紀聞》十六卷

《王文正筆錄》一卷

《歸田錄》二卷

《國老談苑》二卷

《茆亭客話》十卷

《道山清話》一卷

《孫公談圃》三卷

《湘山野錄》三卷〈續錄〉一卷

第十八集

　　《邵氏聞見前錄》二十卷

　　《邵氏聞見後錄》三十卷

　　《揮麈前錄》四卷〈後錄〉十一卷〈三錄〉三卷〈餘
話〉二卷

　　《玉照新志》五卷

第十九集

　　《桯史》十五卷〈附錄〉一卷

　　《癸辛雜識前集》[83]一卷〈後集〉一卷〈續集〉二卷
〈別集〉二卷

　　《錦帶書》[84]一卷

　　《歲華紀麗》四卷

　　《龍筋鳳髓判》二卷

　　《蒙求集註》二卷

第二十集

　　《道德指歸論》六卷

　　《古文參同契集解》三卷

　　《胎息經》一卷

　　《真誥》二十卷

　　《象教皮編》六卷

　　《樂府古題要解》二卷

　　《詩品》三卷鍾嶸

---

[83] 原文誤作「《癸辛雜志前集》」，今更之。

[84] 原文書名僅作「《錦帶》」，今依《學津討原》原書更之。

《詩品》一卷司空圖

《風騷旨格》一卷

《四六話》二卷

《四六談麈》一卷

共計一千零四十三卷[85]

　　張海鵬統計的卷數為「一千零四十三卷。」而收書數目是一百七十二種。各集詳細的收書數目和卷數是：第一集收書八種，四十六卷；第二集收書八種，五十七卷；第三集收書八種，四十一卷；第四集收書六種，四十九卷；第五集收書四種，五十五卷；第六集收書十三種，四十四卷；第七集收書十一種，五十一卷；第八集收書十一種，四十五卷；第九集收書九種，二十二卷；第十集收書五種，四十三卷；第十一集收書六種，七十六卷；第十二集收書九種，五十一卷；第十三集收書八種，五十三卷；第十四集收書五種，三十八卷；第十五集收書十九種，六十一卷；第十六集十種，八十五卷；第十七集收書十一種，七十四卷；第十八集收書四種，七十五卷；第十九集收書六種，三十一卷；第二十集收書十一種，四十六卷。我們理當以此為依據。可惜並沒有一位研究者的數據和此相同。

　　從前面各家研究者的著錄可以得知分類、分卷的情形，筆者現將他們和張海鵬〈總目〉算法的不同之處，分述如下：

一、楊家駱《叢書大辭典——附叢書總目類編・叢書總目類編》、

---

[85] 〔清〕張海鵬：《學津討原・總目》。見〔清〕張海鵬輯：《學津討原》，頁10-15。

上海圖書館編的《中國叢書綜錄》和張海鵬的〈總目〉相較，差別在於：

（一）《毛詩陸疏廣要》少二卷。原因和《津逮秘書》本相同，以下論述異同，不再贅述。

（二）《太平經國之書》多出〈首〉一卷。

（三）《爾雅翼》多出〈序〉一卷。

（四）《急就篇》多出〈正文〉一卷。

（五）《松漠紀聞》多出〈補遺〉一卷。

（六）《唐史論斷》多出〈附錄〉一卷。

（七）《焦氏易林》多出〈首〉一卷。

（八）《元包經傳》和《元包數總義》分為二書，故多出一書。

（九）《葬經翼》多出〈圖〉一卷。

（十）《紀效新書》多出〈首〉一卷。

（十一）《東觀餘論》多出〈附錄〉一卷。

（十二）〈夢溪補筆談〉、〈夢溪續筆談〉各算一卷，故多出一卷。

（十三）《甘澤謠》多出〈附錄〉一卷。

（十四）《稽神錄》多出〈拾遺〉一卷。

（十五）《蒙求集注》多出正文一卷。

（十六）《古文參同契集解》多出〈箋註集解〉三卷、〈三相類集解〉二卷，合計多出五卷。

總計多出一書、十六卷。

二、嚴一萍的〈總目〉較張海鵬的〈總目〉多出五書、九卷，相

異之處在於：

（一）《毛詩古音考》所附的《讀詩拙言》獨立成一書，故
多出一書；〈附錄〉一卷未算卷數，故少一卷。

（二）《周髀算經》所附的《音義》獨立成一書，故多出
一書。

（三）《元包經傳》和《元包數總義》各算一書，故多出
一書。

（四）《葬經翼》附有〈葬圖〉和〈難解二十四篇〉，將其
另計卷數，故多出二卷。

（五）《演繁露》和《續演繁露》各算一書，故多出一書。

（六）《夢溪筆談》和《夢溪補筆談》、〈夢溪續筆談〉各
算一書，故多出一書。在卷數上，《夢溪補筆談》、
〈續筆談〉多出一卷。

（七）《稽神錄》中將〈拾遺〉另計一卷，故多出一卷。

（八）《蒙求集註》多出一卷。

（九）《古文參同契集解》多出五卷。

三、《中國古籍善本書目－叢部》、《中國古籍善本總目－叢
部》的著錄和張海鵬〈總目〉的不同之處：

（一）《毛詩草木鳥獸蟲魚疏廣要》少二卷。

（二）《太平經國之書》多出〈首〉一卷。

（三）《急就篇》多出〈正文〉一卷。

（四）《松漠紀聞》多出〈補遺〉一卷。

（五）《焦氏易林》多出〈首〉一卷。

（六）《元包經傳》和《元包數總義》各算一書，故多出

一書。

（七）《葬經翼》所附的〈圖〉和〈難解二十四篇〉另計二卷，故多出二卷。

（八）《齊民要術》多出〈雜說〉一卷。

（九）《紀效新書》多出〈首〉一卷。

（十）《東觀餘論》多出〈附錄〉一卷。

（十一）《夢溪筆談》所附的〈補筆談〉、〈續筆談〉各算一卷，故多出一卷。

（十二）《甘澤謠》多出〈附錄〉一卷。

（十三）《稽神錄》多出〈拾遺〉一卷。

（十四）《蒙求集註》多出正文二卷。

（十五）《古文參同契集解》之下多附〈箋註集解〉、〈三相類集解〉，但不影響收書數目。但在卷數上，將《古文參同契集解》只算一卷，〈箋註集解〉和〈三相類集解〉各算一卷，總計三卷，和張海鵬〈總目〉所著錄的卷數相同，但卷數計算的方式並不一樣。

總計《中國古籍善本書目－叢部》、《中國古籍善本總目－叢部》比張海鵬〈總目〉的收書數目多出一書，為一百七十三種，卷數多出十二卷，為一千零五十五卷。

四、中國科學院圖書館整理的《續修四庫全書總目提要（稿本）》、王雲五主編《續修四庫全書提要》中的〈叢書子目類編〉和張海鵬〈總目〉的差異在於：

（一）《皇祐新樂圖記》少二卷。

（二）《周髀算經音義》並未附於《周髀算經》之下，獨立
　　　成一書，故多出一書。

（三）《元包數總義》並未附於《元包經傳》之下，獨立成
　　　一書，故多出一書。

（四）《葬經翼》多〈難解〉一卷。

（五）《紀效新書》多〈卷首〉一卷。

（六）《郁離子》多一卷。

（七）《西溪叢語》多一卷。

（八）《夢溪筆談》所附的〈補筆談〉、〈續筆談〉各算一
　　　卷，故多出一卷。

（九）《稽神錄》多〈拾遺〉一卷。

（十）《癸辛雜識》少〈後集〉一卷，明顯是著錄時不小心
　　　所產生的。

　　所以實際上應是多出二書、三卷，為收書一百七十四種、一
千零四十六卷，但兩書中的〈提要〉和〈叢書子目類編〉開頭處
的統計數字均和此不同，不知所據為何。

五、《1911-1984影印善本書目錄》和張海鵬〈總目〉比較，多出
　　一書、十六卷，差別在於：

（一）《毛詩草木鳥獸蟲魚疏廣要》少二卷。

（二）《太平經國之書》多〈首〉一卷。

（三）《爾雅翼》多〈序〉一卷。

（四）《急就篇》多〈正文〉一卷。

（五）《松漠紀聞》多〈補遺〉一卷。

（六）《唐史論斷》多〈附錄〉一卷。

（七）《元包數總義》並未附在《元包經傳》之下，故多出
　　　一書。

（八）《易林》多〈首〉一卷。

（九）《葬經翼》多〈圖〉一卷。

（十）《紀效新書》多〈首〉一卷。

（十一）《東觀餘論》多〈附錄〉一卷。

（十二）《夢溪筆談》所附的〈補筆談〉、〈續筆談〉各算
　　　　　一卷，故多出一卷。

（十三）《甘澤謠》多〈附錄〉一卷。

（十四）《稽神錄》多〈拾遺〉一卷。

（十五）《蒙求》多正文一卷。

（十六）《古文參同契集解》中多出〈箋註集解〉三卷和
　　　　　〈三相類集解〉二卷，共多出五卷。

六、中國古籍總目編纂委會編的《中國古籍總目・叢書部》和張
　　海鵬〈總目〉的差異在於：

（一）《毛詩草木鳥獸蟲魚疏廣要》少二卷。

（二）《太平經國之書》多〈首〉一卷。

（三）《急就篇》多〈正文〉一卷。

（四）《松漠紀聞》多〈補遺〉一卷。

（五）《唐史論斷》多〈附錄〉一卷。

（六）《焦氏易林》多〈首〉一卷。

（七）《葬經翼》多〈圖〉一卷、〈難解二十四篇〉一卷，
　　　　共多出二卷。

（八）《齊民要術》多〈雜說〉一卷。

（九）《紀效新書》多〈首〉一卷。

（十）《意林》多〈補遺〉一卷。

（十一）《東觀餘論》多〈附錄〉一卷。

（十二）《夢溪筆談》所附的〈補筆談〉、〈續筆談〉各算一卷，故多出一卷。

（十三）《文昌雜錄》一書，《中國古籍總目・叢書部》著錄「《文昌雜錄》六卷〈補遺〉一卷」，張海鵬〈總目〉著錄「《文昌雜錄》七卷」，並不影響收書數目和卷數的計算。

（十四）《貴耳集》一書，，《中國古籍總目・叢書部》著錄「《貴耳集》三卷」，張海鵬〈總目〉著錄「《貴耳集》一卷〈二集〉一卷〈三集〉一卷」，並不影響收書數目和卷數的計算。

（十五）《甘澤謠》多〈附錄〉一卷。

（十六）《稽神錄》多〈拾遺〉一卷。

（十五）《蒙求集註》多正文二卷。

（十六）《參同契》著錄三種：分別為《古文參同契集解》三卷、《古文參同契箋註集解》三卷、《古文參同契三相類集解》二卷，共多出二書五卷。

總計多出二書、十九卷。

　　至於其他各家的計算方式和依據，筆者無從得知，故無法比較。總之，《學津討原》一書的收書數目和卷數，以張海鵬所撰的〈總目〉為依據，共計收書一百七十二種，一千零四十三卷。除了正文之外，關於附加的部分，如〈首〉、〈附錄〉、〈拾

遺〉、〈雜說〉等，張海鵬大多不另計一書和另算卷數，如計算，則是直接列入正文裡頭。從這也是可以看出張海鵬的編纂原則。

二、收書種類

《學津討原》收書的種類，包括經、史、子、集四部。從〈凡例〉：「是編所收皆 《四庫全書》著錄有關經史實學及朝章典故、遺聞軼事，可備考證、可資觀感者居多，間及書畫譜錄之類，雖玩物適情，亦屬游藝，所不廢。」[86]可知，此叢書所收錄，著重在經史實學、朝章典故、遺聞佚事、書畫譜錄這四個方面。筆者就從這四個方面擇要論述，並於各書之下援引《四庫全書總目》所附的〈提要〉予以詳加論述。

（一）經史實學

除了原先《津逮秘書》所收錄易類、詩類的書籍之外，經部另著重在書類、禮類、春秋類和小學類的著作。書類的著作，比方蘇軾《蘇氏書傳》，〈提要〉云：

> 晁公武《讀書志》稱熙寧以後專用王氏之說進退多士，此書駁異其說為多。今《新經尚書義》不傳，不能盡考其同異。但就其書而論，則軾究心經世之學，明於事勢，又長於議論，於治亂興亡披抉明暢，較他經獨為擅長。[87]

---

[86] 〔清〕張海鵬：《學津討原・凡例》。見〔清〕張海鵬輯：《學津討原》第一冊，頁8。

[87] 〔清〕紀昀總纂：《四庫全書總目・卷十一・經部十一・書類一》（石家莊：河北人民出版社，2000年3月），頁325。

　　蘇軾用其擅長經世致用之學來闡釋《尚書》,並兼顧事勢、議論二者,對於治亂興衰有獨特的見解。

　　禮類的書籍,例如《儀禮逸經傳》,〈提要〉云:

> 是編掇拾逸經,以補《儀禮》之遺,凡〈經〉八篇:曰〈投壺禮〉,曰〈奔喪禮〉,取之《禮記》。曰〈公冠禮〉,曰〈諸侯遷廟禮〉,曰〈諸侯釁廟禮〉,取之《大戴禮記》,而以《小戴禮記》相參定。曰〈中霤禮〉,曰〈禘於太廟禮〉,曰〈王居明堂禮〉,取之鄭康成《三禮注》所引逸文。其編次先後,皆依行禮之節次,不盡從其原文,蓋倣朱子《儀禮經傳通解》之例。其引二戴《記》著所出,鄭注不著所出,則與王應麟《鄭氏易》同。由古人著書,不及後來體例之密,不足異也。其〈傳〉十篇,則皆取之二戴《記》,曰〈冠儀〉,曰〈昏儀〉,曰〈士相見儀〉,曰〈鄉飲酒儀〉,曰〈鄉射儀〉,曰〈燕儀〉,曰〈大射儀〉,曰〈聘儀〉,曰〈公食大夫儀〉,曰〈朝事儀〉。其〈鄉射儀〉、〈大射儀〉取《禮記·射義篇》所陳天子諸侯卿大夫之射,釐之為二。其〈士相見〉、〈公食大夫〉二儀則取宋劉敞之所補。敞擬《記》而作者尚有〈投壺儀〉一篇,亦見《公是集》中,澄偶遺之。明何喬新嘗取以次〈朝事儀〉後,并為之〈跋〉。通志堂刻《九經解》,復佚其文。蓋所據乃未補之舊本,非喬新本也。[88]

---

[88] 〔清〕紀昀總纂:《四庫全書總目·卷二十·經部二十·禮類二》,頁534。

該書編掇搜集逸經，共分〈經〉八篇、〈傳〉十篇，以補
《儀禮》之遺。對於《儀禮》、三禮和經學的研究有莫大的裨益。

春秋類的書籍，如《春秋胡傳考悮》一書，其〈提要〉云：

> 是書前有〈自序〉，謂「宋胡安國憤王氏之不立《春
> 秋》，承君命而作《傳》，志在匡時，多借《經》以申其
> 說。其意則忠，而於經未必盡合。」其說良是。[89]

此評價已經將《春秋胡傳考悮》的價值明確指出。胡安國的
《春秋胡氏傳》，在南宋時期是《春秋》學當中最具有特色的一
部書籍，全書受到《公羊傳》復讎思想的影響，以及當時為了挽
回宋朝南渡之後在國事上的衰頹，故從頭到尾徹底以復讎來解釋
《春秋》，純粹出自於經世致用的需要。此書對於南宋的《春
秋》學研究極具重要性，而《春秋胡傳考悮》提出《春秋胡傳》
解釋《春秋》不合宜之處，亦有其發明見解，可以和該書相互
參照。

小學類的著作，如陳第的《毛詩古音考》，〈提要〉云：

> 言古韻者自吳棫。然《韻補》一書，厖雜割裂，謬種流
> 傳，古韻乃以益亂。國朝顧炎武作《詩本音》，江永作
> 《古韻標準》，以經證經，始廓清妄論。而開除先路，則
> 此書實為首功。大旨以為古人之音，原與今異。凡今所稱

叶韻，皆即古人之本音，非隨意改讀，輾轉牽就。[90]

　　陳第的《毛詩古音考》，實有開創古音研究之功。他將《詩經》從經學、文學的研究領域，另闢一條新的研究道路，使《詩經》呈現不同角度的面向供後人研究，功不可沒。

　　史部方面的著作，以雜史類和地理類的書籍居多。雜史類的書籍，例如洪皓《松漠記聞》一書，〈提要〉云：

> 宋洪皓撰。……此書乃其所紀金國雜事。始於留金時，隨筆纂錄。及歸，懼為金人搜獲[91]，悉付諸火。既被譴謫，乃復追述一二，名曰《松漠紀聞》。[92]

　　此書乃是作者洪皓在金國時所記，有助於瞭解該國的史事，可和《金史》相互參照，補充《金史》的不足之處。

　　地理類的圖籍，除了《津逮秘書》著錄的之外，亦有不少具有價值的。例如吳自牧的《夢粱錄》，〈提要〉云：

> 是書全仿《東京夢華錄》之體，所紀南宋郊廟宮殿，下至百工雜戲之事，委曲瑣屑，無不備載。然詳於敘述，而拙於文采，俚詞俗字，展笈紛如，又出《夢華錄》之下。[93]

---

[90] 〔清〕紀昀總纂：《四庫全書總目・卷四十二・經部四十二・小學類三》，頁1135。
[91] 原文誤作「搜亂」，今更之。
[92] 〔清〕紀昀總纂：《四庫全書總目・卷五十一・史部七・雜史類》，頁1414。
[93] 〔清〕紀昀總纂：《四庫全書總目・卷七十・史部二十六・地理類

　　從〈提要〉可知，此書仿孟元老《東京夢華錄》所作，對於南宋的郊廟宮殿、百事雜戲無不記載，敘述詳細，可資參備。缺點在於拙於文字，缺乏文采，故主要價值在於史料而非文學。

（二）朝章典故

　　這類的書籍多屬於史部的著作。如王應麟編《漢制考》一書，〈提要〉云：

> 是編因《漢書》、《續漢書》諸志，於當日制度，多詳於大端，略於細目。因掇采諸家經注，及《說文》諸書所載，鉤稽排纂，以補其遺。頗足以資考證。[94]

　　王應麟編《漢制考》的緣由，從〈提要〉所述可以清楚明白。因《漢書》和《續漢書》裡的各志記載當時的制度，只詳於大端而略於細目，故采諸家經註和《說文》諸書所載，補二書之遺漏。此書可和《漢書》、《續漢書》諸志相參，足資考證。

　　又呂毖校次的《明宮史》一書，〈提要〉云：

> 其書敘述當時宮殿、樓臺、服食、宴樂，及宮闈諸雜事，大抵冗碎猥鄙，不足據為典要。[95]

　　三》，頁1898。

[94] 〔清〕紀昀總纂：《四庫全書總目・卷八十一・史部三十七・政書類一》，頁2121。

[95] 〔清〕紀昀總纂：《四庫全書總目・卷八十二・史部三十八・政書類二》，頁2145。

　　可知此書敘述明代宮殿、樓臺、服食、宴樂、宮闈諸雜事，雖冗長而零碎，內容又多猥褻鄙俗語，無法成為會典、會要之類的著作，但有助於瞭解明代宮廷內部之事，仍有其參考價值。

（三）遺聞軼事

　　史料筆記多載遺聞佚事，而這類書籍在分類上，大多著錄於子部小說家類和子部雜家類之下。小說家類的書籍，例如錢易《南部新書》一書，〈提要〉云：

> 是書乃其大中祥符間知開封縣時所作，皆記唐時故事，間
> 及五代。多錄軼聞瑣語，而朝章國典，因革損益，亦雜載
> 其中。故雖小說家言，而不似他書之侈談迂怪，於考證尚
> 屬有裨。[96]

　　所記的時代皆唐代的故事，部分涉及五代。在內容上多收錄軼聞語，亦雜載朝章典故。

　　又司馬光《涑水記聞》，其〈提要〉云：

> 是編雜錄宋代舊事，起於太祖，訖於神宗，每條皆注其述
> 說之人，故曰《記聞》。或如張咏請斬丁謂之類，偶忘名
> 姓者，則注曰不記所傳，明其他皆有證驗也。間有數條不
> 注者，或總注於最後一條，以括上文，或後來傳寫，不免

---

[96] 〔清〕紀昀總纂：《四庫全書總目‧卷一百四十‧子部五十‧小說家類
　　一》，頁3579。

有所佚脫也。其中所記國家大政為多，而亦間涉瑣事。[97]

　　此書雜錄宋代舊事。司馬光所記，皆註明述說之人，故曰
《記聞》。內容上多屬於國家大事，間有涉及瑣事。
　　雜家類的書籍，封演的《封氏見聞記》一書，〈提要〉云：

> 唐人小說，多涉荒怪，此書獨語必徵實。前六卷多陳掌
> 故，七、八兩卷多記古蹟及雜論，均足以資考證。末二卷
> 則全載當時士大夫軼事，嘉言善行居多，惟末附諧語數條
> 而已。[98]

　　全書前六卷多掌故，七、八兩卷多記古蹟和雜論，最後兩卷
多記載當時士大夫嘉言善行之軼事。
　　又《曲洧舊聞》一書，〈提要〉云：

> 則書當作於留金時。然皆追述北宋遺事，無一語及金，故
> 曰《舊聞》。《通考》列之小說家。今考其書惟神怪諧謔
> 數條不脫小說之體，其餘則多記當時祖宗盛德及諸名臣言
> 行，而於王安石之變法，蔡京之紹述，分明角立之故，言
> 之尤詳。蓋意在申明北宋一代興衰治亂之由，深於史事有
> 補，實非小說家流也。惟其中間及詩話、文評及諸考證，

---

[97] 〔清〕紀昀總纂：《四庫全書總目・卷一百四十・子部五十・小說家類
　　一》，頁3581。
[98] 〔清〕紀昀總纂：《四庫全書總目・卷一百二十・子部三十・雜家類
　　四》，頁3098。

不名一格，不可目以雜史，故今改入之雜家類焉。[99]

〈提要〉說明《曲洧舊聞》的內容，兼及神怪諧謔、史事、詩話、文評和考證，所以將它從小說類改列至雜家類。其中史事的部分，內容敘述北宋遺事，多記當時祖宗盛德及名臣言行，頗有歌功頌德之意，對於王安石變法、蔡京紹述等事有詳細記載，著述之意在於申明北宋一代興衰治亂之緣由，是研究宋代制度史的第一手文獻資料。

（四）書畫譜錄

張海鵬生平喜愛收藏古人金石書畫，以供清玩。故重視書畫這方面書籍的著錄。例如吾邱衍（或吾丘衍）的《學古編》是關於篆刻印章的著作，其〈提要〉云：

是書專為篆刻印章而作。首列三十五舉，詳論書體正變及篆寫摹刻之法。次合用文籍品目，一小篆品，二鐘鼎品，三古文品，四碑刻品，五器品，六辨謬品，七隸書品，八字源，九辨源，凡四十六條。又以洗印法、印油法附於後。摹刻私印，雖稱小技，而非精於六書之法者，必不能工。[100]

---

[99] 〔清〕紀昀總纂：《四庫全書總目・卷一百二十一・子部三十一・雜家類五》，頁3114。

[100] 〔清〕紀昀總纂：《四庫全書總目・卷一百一十三・子部二十三・藝術類二》，頁2921。

　　此書詳論書體正變和篆寫摹刻之法，有裨於書法和篆刻。《學津討原》所收此類的著作，因《津逮秘書》大多也有著錄，不再贅述。

　　《學津討原》著錄的譜錄類之書，若以內容觀之，大多和金石書畫有密切的關聯。米芾的《硯史》，其〈提要〉云：

> 是書首冠以〈用品〉一條，論石當以發墨為上。後附〈性品〉一條，論石質之堅軟。〈樣品〉一條，則備列晉硯、唐硯以迄宋代形製之不同。中記諸硯，自玉硯至蔡州白硯，凡二十六種，而於端、歙二石辨之尤詳。[101]

　　詳述唐迄宋時硯台之形製異同，以及詳論各式種硯台的好壞優劣。又《端溪硯譜》一書，〈提要〉云：

> 其書前論石之所出與石質石眼，次論價，次論形製，而終以石病。考端硯始見李賀詩，然柳公權論硯首青、絳二州，不言端石，蘇易簡《文房四譜》亦尚以青州紅絲硯為首。後端硯獨重於世，而鑒別之法亦漸以精密。此譜所載，於地產之優劣，石品之高下，皆剖晰微至，可以依據。[102]

---

[101] 〔清〕紀昀總纂：《四庫全書總目·卷一百十五·子部二十五·譜錄類》，頁2964。

[102] 〔清〕紀昀總纂：《四庫全書總目·卷一百十五·子部二十五·譜錄類》，頁2965。

對於硯台所用之石、形狀、產地之優劣、石品之高下等各方面，皆有詳細論述。

以上這四類，分屬於經、史、子三部，是張海鵬輯刊《學津討原》收錄最主要的書籍，再次證明〈行狀〉所云張海鵬「治經之暇，旁通子史百家言。」[103]的說法。

第五節　《學津討原》和《津逮秘書》的關係

從上述可知，《學津討原》是將《津逮秘書》汰益增刪，並去偽存真，廣為二十集。那麼，《學津討原》究竟淘汰了哪些書籍，又增補了哪些書籍呢？我們可以從《學津討原·凡例》和各序中窺其梗概。《學津討原·凡例》數條云：

> 是編就毛氏《津逮秘書》而損益之。《津逮》舊有不復列校訂名氏，凡今刻新增及著有攷異者，則列校訂以別之。
>
> 《津逮》中《子貢詩傳》、《申培詩說》、《雜事秘辛》之類，係明人偽撰，他如《焚椒錄》之穢，《捫蝨新語》之妄，皆經《四庫提要》論駁，今不並錄，一遵去偽存真之意。
>
> 《津逮》舊刻詩話、題跋兩集，竊以詩話繁而不勝收，題跋自載諸家全集，故從割愛。
>
> 《津逮》所取意在近古，故其書終于有元，茲刻即推廣其例，迄明代而止。[104]

---

103 〔清〕黃廷鑑：《第六弦溪文鈔·朝議大夫張君行狀》，卷四，頁11。
104 〔清〕張海鵬：《學津討原·凡例》。見〔清〕張海鵬輯：《學津討

洪亮吉《學津討原‧序》云：

> 國朝汲古閣毛氏因之有《津逮秘書》之輯，眂《學海》采擇尤精。蓋叢書之例，極搜羅之富，無割裂之嫌，既錄全書，并登秘籍[105]，勝於類集者以此。近時鮑上舍廷博復輯《知不足齋叢書》，至登　乙覽復采入四部中，可云極榮遇于儒者，集盛事于文林矣。然毛氏則多采書畫跋，及詩評、詩話，而于有裨經史者反略焉。鮑氏則意專在未刊之本，未經見之書，而不能以經史子集為類。[106]

趙懷玉《墨海金壺‧序》云：

> 常熟張君若雲，子晉之鄉後進也，少而勤學，長益知名，自其先世已多藏書，及君而涉歷彌廣，嘗病《津逮書》真偽雜出，且詩話、題跋收亦稍濫，取而刪增之，廣為二十集，曰《學津討原》。[107]

　　再加上前面所引勞樹棠的〈序〉，可以得知張海鵬認為《津逮秘書》中真偽書籍雜出，故將《四庫全書總目》之〈提要〉認

原》第一冊，頁8。
[105] 原文「秘籍」作「秘籍」，疑誤，今更之。
[106] 〔清〕洪亮吉：《學津討原‧序》。見〔清〕張海鵬輯：《學津討原》第一冊，頁4。
[107] 〔清〕趙懷玉：《墨海金壺‧序》。見〔清〕張海鵬輯：《墨海金壺》（臺北：禹甸文化，民國70年（1981年）8月影印民國十年（1921年）上海博古齋本），頁20-21。

定是偽作的《子貢詩傳》、《申詩詩說》、《雜事秘辛》，以及內容穢妄如《焚椒錄》、《捫蝨新語》之書刪去；又認為毛晉稍濫於多收詩話、題跋兩類的書籍，所以將之剔除。此外，張海鵬本身對於集部的書籍也較不重視，這也是事實。至於增加的部分，多以《四庫全書》所著錄有裨於經史實學、朝章典故、遺聞佚事及書畫譜錄的書籍為主。在時代上，《津逮秘書》迄於元代，《學津討原》將之下限延至明代。

《津逮秘書》原有一百四十五種，扣掉詩話、題跋二類、《子貢詩傳》、《申培詩說》、《漢雜事秘辛》、《焚椒錄》、《捫蝨新語》等偽作穢妄的書籍，《學津討原》一共收錄了八十一種，佔《津逮秘書》原書的百分之五十六左右，分別為《詩序辨說》（即《詩序》）、《韓詩外傳》、《陸氏草木鳥獸蟲魚疏》、《王氏詩考》、《王氏詩地理考》、《鄭氏爾雅註》、《焦氏易林》、《周易集解略例》、《衛氏元包經數》、《蘇氏易傳》、《京氏易傳》、《關氏易傳》、《李氏易解》（即《周易集解》）、《郭氏周易舉正》、《麻衣道者正易心法》、《通鑑問疑》、《齊民要術》、《通鑑地理通釋》、《急就篇》、《漢制考》、《忠經》、《宅經》、《葬經》〈葬經翼〉附、《道德指歸論》、《周髀算經》、《胎息經》、《墨經》、《耒耜經》、《丸經》、《法書要錄》、《東觀餘論》、《宣和書譜》、《歷代名畫記》、《圖畫見聞誌》、《畫繼》、《宣和畫譜》、《詩品》、《二十四詩品》、《風騷旨格》、《芥隱筆記》、《冷齋夜話》、《西溪叢話》、《歲華紀麗》、《桯史》、《益部方物略記》、《泉志》、《酉陽雜俎》、《酉陽雜俎續集》、《甘澤謠》、《卻掃編》、《劇談錄》、《瑯嬛

記》、《西京雜記》、《洛陽伽藍記》、《洛陽名園記》、《佛國記》、《東京夢華錄》、《創業起居注》、《唐國史補》、《玉堂雜記》、《老學庵筆記》、《搜神記》、《搜神後記》、《異苑》、《稽神錄》、《樂府古題要解》、《癸辛雜識》《前》《後》《續》《別》、《揮塵前錄》、《揮塵後錄》、《揮塵三錄》、《揮塵餘話》、《夢溪筆談》、《湘山野錄》、《錦帶書》、《邵氏聞見錄》、《邵氏聞見後錄》、《齊東野語》、《貴耳集》、《避暑錄話》、《春渚紀聞》、《茅亭客話》。

　　但筆者也須指出，《學津討原》有些書籍的計算方式和《津逮秘書》不同。如《津逮秘書》將《周髀算經》和〈周髀音義〉、〈數術記遺〉合算一書，《學津討原》則是將《周髀算經》和〈周髀音義〉合算一書，《數術記遺》獨立成一書。《葬經》〈葬經翼〉附，《津逮秘書》合計一書，而《學津討原》將當中的《青烏先生葬經》、《古本葬書》、《葬經翼》分成三書。《酉陽雜俎》和《酉陽雜俎續集》，《津逮秘書》分為二書，《學津討原》則合為一書。《癸辛雜識前集》、《後集》、《續集》、《別集》以及《揮塵前錄》、《後錄》、《三錄》、《餘話》，《津逮秘書》均各分別成四書，而《學津討原》只計一書。筆者統計《學津討原》收錄《津逮秘書》中八十一種書籍的方式，是按照毛晉《汲古閣校刻書目》裡對《津逮秘書》書籍的著錄，並非依照《學津討原》的收錄為標準，所以特別予以說明。

　　另外，有些被懷疑是偽作的書籍，像《京氏易傳》、《關氏易傳》、《歲華紀麗》等書，歷來多受人們質疑，但《學津討原》仍將其刊入，足見張海鵬對於偽書的辨別，自有一套標準，即是以《四庫全書總目》所附的〈提要〉所判斷的依據。例如：

《子貢詩傳》的〈提要〉云：

> 《詩傳》一卷（內府藏本）
>
> 　　舊本題曰「子貢撰」，實明豐坊所作。《明史・坊本傳》稱「坊為《十三經訓詁》，類多穿鑿，世所傳《子貢詩傳》即坊編本」者是也。其說升魯於〈邶〉、〈鄘〉之前，降〈鄭〉於〈鄶〉、〈曹〉之後，〈大雅〉、〈小雅〉，各分為三，曰續、曰傳，皆與所作《申培詩說》同。二書皆以古篆刻之。不知漢代傳經，悉用隸書，故孔壁科斗，世不能辨，謂之古文。安得獨此二書參用籀體？郭子章、李維楨皆為傳刻釋文，何鐘收入《漢魏叢書》，毛晉收入《津逮秘書》，并以為曾見宋拓，皆謬妄也。[108]

《申培詩說》的〈提要〉云：

> 《詩說》一卷（江蘇巡撫採進本）
>
> 　　舊本題曰《申培撰》，亦明豐坊偽作也。何楷《詩世本古義》、黃虞稷《千頃堂書目》、毛奇齡《詩傳詩說駁義》皆力斥之。今考《漢書・杜欽傳》稱「佩玉晏鳴」，〈關雎〉嘆之」，《後漢書・楊賜傳》稱「康王一朝晏起，〈關雎〉見幾而作」，注皆稱《魯詩》，而此〈傳〉乃訓為太姒思淑女。又〈坊記〉注引「先君之思，以畜寡

---

[108] 〔清〕紀昀總纂：《四庫全書總目・卷十七・經部十七・詩類存目一》，頁470。

人」，為衛定姜之作。《釋文》曰：「此是《魯詩》。」
而此仍為莊姜送戴媯。培傳《魯詩》乃用《毛傳》乎？其
偽妄不待問矣。[109]

　　《子貢詩傳》、《申培詩說》符合《學津討原・凡例》中
「皆經《四庫提要》論駁，今並不錄，一遵去偽存真之意」的宗
旨，故將兩書刪去。而《京氏易傳》、《關氏易傳》、《歲華紀
麗》等書，並未受到《四庫》中〈提要〉的辯駁，所以張海鵬仍
將其刊入《學津討原》之中。

　　《四庫全書》將鍾嶸《詩品》、司空圖《詩品二十四則》
等詩評著作，和《全唐詩話》、《六一詩話》、《滄浪詩話》等
統著錄在集部詩文評類當中。筆者之前統計《津逮秘書》的書籍
種類，亦是按照《四庫》的標準。而張海鵬的《學津討原》，純
粹只未收「詩話」之類的書籍，鍾嶸《詩品》、司空圖《詩品二
十四則》、《風騷旨格》等詩評之作則仍收錄。雖然兩者在分類
上，同屬於集部的詩文評類，但實際上嚴格說來，詩評類和詩話
還是有差別的。因為詩話是以隨筆的形式寫作，內容可以是詩歌
理論的見解主張，也有對名篇佳句的摘引，對詩歌本事的記載，
以及對各種闕疑的考證，內容頗為龐雜。而《詩品》、《詩品二
十四則》等詩評著作，則完全偏重在詩歌理論的闡釋。張海鵬在
《學津討原・凡例》中明確指出，他之所以不收詩話的原因，在
於「詩話繁不勝收」。由此推之，純粹是詩歌理論見解主張的詩

---

[109] 〔清〕紀昀總纂：《四庫全書總目・卷十七・經部十七・詩類存目
　　一》，頁470。

評作品,並沒有像詩話之作多如過江之鯽,故張海鵬仍著錄於《學津討原》之中。

另外,《津逮秘書》之中,有些書籍並非偽作,也未屬於詩話、題跋之作,《學津討原》仍未將其收錄,如《星經》、《五木經》、《畫史》、《五色線》等書。筆者認為,這些書籍很可能不符合張海鵬在此書所收多有關於「經史實學、朝章典制、遺聞佚事及書畫譜錄」的標準,故捨棄不錄。

《學津討原》承繼《津逮秘書》而來,不僅保有《津逮秘書》獵奇並著重實用的特色,更在基礎上擴編。像《津逮秘書》在經部主要收錄詩類和易類的書籍,《學津討原》則多收了書類、禮類、春秋類和小學類的書籍。史部方面,《津逮秘書》著重在地理類的文獻,而《學津討原》除此之外,也收錄很多雜史類的著作。這些都是《學津討原》優於《津逮秘書》的地方。

第六節　編排、版式、行款

一、編排

《學津討原》最前面是勞樹棠、洪亮吉、張海鵬三人的序文,之後是〈凡例〉、〈同校姓氏〉和〈總目〉,接著就是刊行的各種書籍。全書分成二十集,各集之間按照經、史、子、集的順序進行編排。

每一集所收的種類,皆以《四庫全書總目》的分類為依據,若《四庫全書總目》無著錄,則依照《續修四庫全書》的分類。

第一集所收錄的是〈經部・易類〉。第二集是〈經部・書類〉和〈詩類〉。其中《尚書鄭注》、《尚書中候鄭注》二書在

《四庫全書總目》未著錄，故根據《續修四庫全書》的收錄分類。第三集是〈經部‧禮類〉、〈春秋類〉、〈樂類〉、〈四書類〉。其中《太平經國之書》、《儀禮逸經傳》、《溫公書儀》屬於禮類，《春秋微旨》、《春秋金鎖匙》、《春秋胡傳考悮》屬於春秋類，《皇祐新樂圖》屬於樂類，《癸巳論語解》屬於四書類。第四集是〈經部‧小學類〉。第五集為〈史部‧編年類〉。

　　第六集除了《西京雜記》屬於〈子部‧小說家類〉之外，其他均是〈史部〉的書籍。其中《大唐創業起居注》是〈編年類〉，《吳越備史》是〈載記類〉，《西使記》是〈傳記類〉，《綏寇紀略》是〈紀事本末類〉，《靖康紀聞補遺》、《北狩見聞錄》、《建炎維揚遺錄》、《建炎復辟記》、《松漠紀聞》、《燕翼詒謀錄》、《庚申外史》、《復辟錄》均屬於〈雜史類〉。第七集是〈史部‧地理類〉。第八集除了《唐國史補》是〈子部‧小說家類〉、《泉志》是〈子部‧譜錄類〉之外，其餘皆是〈史部〉著作。其中《漢制考》、《明宮史》是〈政書類〉，《玉堂雜記》、《州縣提綱》、《官箴》、《畫簾緒論》是〈職官類〉，《唐史論斷》、《通鑑問疑》是〈史評類〉，《子略》是〈目錄類〉。第九集是〈子部‧天文算法類〉和〈術數類〉的書籍。其中《周髀算經》附〈音義〉、《數術記遺》、《六經天文編》是〈天文算法類〉，其餘皆是〈術數類〉。第十集收錄的書籍，《齊民要術》、《耒耜經》是〈子部‧農家類〉，《紀效新書》、《八陣合變圖說》是〈子部‧兵家類〉，《增廣太平惠民和劑局方》則是〈子部‧醫家類〉。

　　第十一集為〈子部‧藝術類〉。第十二集除了《忠經》為〈子部‧儒家類〉之外，其餘各書均為〈子部‧雜家類〉。第十

三集、十四集全都是〈子部‧雜家類〉的著作。第十五集中，《冷齋夜話》、《春渚紀聞》、《師友談記》、《東坡志林》、《老學庵筆記》、《貴耳集》、《閒居錄》、《瑯嬛記》是〈子部‧雜家類〉，《學古編》、《丸經》為〈子部‧藝術類〉，《歙州硯譜》、《歙硯說》、《辨歙石說》、《硯史》、《端溪硯譜》、《墨經》、《雲林石譜》、《香譜》則是〈子部‧譜錄類〉。

　　第十六集、十七集、十八集是〈子部‧小說家類〉，第十九集中的《桯史》、《癸辛雜識前集》、《後集》、《續集》、《別集》屬於〈子部‧小說家類〉，其餘的《錦帶書》、《歲華紀麗》、《龍筋鳳髓判》、《蒙求集註》是〈子部‧類書類〉。第二十集《道德指歸論》、《古文參契集解》、《胎息經》、《真誥》是〈子部‧道家類〉，《樂府古題解》、《詩品》、《詩品二十四則》、《四六話》、《四六談麈》是〈集部‧詩文評類〉。《象教皮編》、《風騷旨格》二書，《四庫全書總目》未著錄，其中《風騷旨格》在《續修四庫全書》收錄於〈集部‧詩文評類〉。至於《象教皮編》，《續修四庫全書》亦未收錄，此書為佛教典籍，當收錄於〈子部‧釋家類〉之中。嚴格說來，〈凡例〉中所說的「是編所收皆 《四庫全書》著錄」[110]的說法，並非完全正確，若將之說成是佔了極大的比例，應較為適宜。

　　《學津討原》不僅按照經史子集的順序排列，就連各類的書籍也幾乎編排在一起，這和《津逮秘書》相較，明顯嚴謹了許

[110] 〔清〕張海鵬：《學津討原‧凡例》。見〔清〕張海鵬輯：《學津討原》第一冊，頁8。

多。舉例來說，《焦氏易林》一書，《四庫全書總目》收錄在〈子部·術數類〉，可知此書的性質和數術有密切的關係。因為《易》有象數和義理之分，數術和象數有關，故《津逮秘書》將它放在第二集的易類當中。但嚴格講起來，這並不十分妥當，畢竟數術和象數兩者之間有差別的。《學津討原》將《焦氏易林》收錄在〈子部·術數類〉的著作之中，是很合理的安排。又《元包》五卷和《元包數總義》二卷的著錄，和《焦氏易林》完全相同，把它從〈經部·易類〉的著作中改編至〈子部·數術類〉中。

又比方《東觀餘論》，《四庫全書總目》將其分類於〈子部·雜家類〉之下。《津逮秘書》將此書收錄在第六集當中，全集除了此書之外，其餘的《法書要錄》、《廣川書跋》、《宣和畫譜》皆於〈子部·藝術類〉的書籍。《東觀餘論》著錄在此，明顯失當。反觀《學津討原》將它收錄在全部都是〈子部·雜家類〉的第十三集裡，分類上明顯得宜。

從這些編排的小細節之處，就可以看出張海鵬的《學津討原》確實比毛晉的《津逮秘書》還要嚴謹了許多。

二、版式和行款

《學津討原》各書在每卷的首行頂格，題書名、卷數，有時會在首卷首行的書名、卷數之後，題上所根據的原本。首卷次行題作者或編輯者的朝代、郡望、姓名或字號，第三行題校訂者或刊刻者的朝代、郡望和姓名，若該書在次行未題作者或編輯者，那麼校訂者或刊刻者的郡望、姓名就會題在第二行。也有撰者和校者同刻在第二行的情形。若有重校者，則放在校刊者後一行。

　　至於各卷卷末,絕大多數的情形是,若該卷正文刊完已過半頁,則在該頁最後一行題上書名和該卷的卷數,若未過半頁,則在半頁最後一行題上書名和該卷的卷數,最後均加上一小字「終」表示該卷結束,但有時也會漏刻。有時是直接在最終卷題上小字「終」,表示該書刊刻完畢。另外,「終」有時並非刻以小字,改用大字表示。例如:

　　《子夏易傳》,在每卷首頁首行頂格題上書名和卷數,首卷次行題校刊者者「後學昭文張海鵬校梓」。全書十卷,均在卷末題上書名和卷數,並加上小字「終」。

　　《蘇氏易傳》,在每卷首頁首行頂格題上書名和卷數,首卷次行題作者時代、姓氏及其字「宋　蘇子瞻　著」。全書九卷,在卷末題上書名和卷數,之後再加小字「終」。唯卷九之後加上大字「終」。觀其意,當是全卷結束時用小字「終」表示;全書結束時用大字「終」表示。

　　《儀禮逸經傳》,在首卷首頁首行頂格題「《儀禮逸經傳》卷上　通志堂原本」,表示書名、卷數和所據的原本。其他各卷首行頂格題書名和卷數。次行題「元　吳澄　學」,表示撰者的時代和姓名,第三行題校訂者「後學　張海鵬　較」。全書分卷上、卷下二卷,只在卷下最後一行題「《儀禮逸經傳》終」,表示此書刊行完畢。筆者認為,張海鵬後來刊刻的《墨海金壺》,只要是知道所依據的何種版本,均會在該書首卷首行書名之後,題上所據的版本。《學津討原》開版刊刻的時間是清嘉慶七年壬戌(1802年)秋天,至嘉慶十年乙丑(1805年)冬天。《墨海金壺》則是在清嘉慶十三年戊辰(1808年)至嘉慶十九年甲戌(1814年),一共歷時七年。兩者在時間上並未重疊,所以不可

能會有該書原有意刊入《墨海金壺》中，而後又不知何故刊入《學津討原》的情形產生。我們只能說，此書是《墨海金壺》在刊刻時之所以題上所據版本的先驅。

《溫公書儀》，在各卷首頁首行頂格題書名、卷數。首卷次行題「宋　司馬光　著　　　後學張海鵬較梓」，表示撰者時代和姓名以及校刊者的姓名。全書共有十卷，均在卷末行題上書名和卷數，並加上一小字「終」。

《泉志》，在各卷首行頂格題書名和卷數，次行題作者的時代和姓名「宋　洪遵　撰」。全書共十五卷，卷一至卷六均在該卷末題上書名和卷數，之後再加上一小字「終」。而卷七至卷十則在該卷末僅題上書名和卷數，並未加上小字「終」。

《演繁露》，每卷首頁首行頂格題書名和卷數，首卷次行題撰者郡望和姓名「新安　程　大昌　著」，三行題校訂者的郡望和姓名「昭文　張　海鵬　較」。全書十六卷，卷二在最末的卷數「二」漏刻，且並未題上「終」字。其他的均在卷末題上書名和卷數。卷一、卷四、卷九、卷十、卷十一、卷十二之後加上大字「終」，其餘的各卷加上小字「終」。

《學津討原》的版式、行款，每半頁九行，每行二十一字，左右雙欄，線魚尾，版心中用大字記書名、卷數，小字記頁數。版心上下方均黑口，在下面右方刻有「照曠閣」的字樣。例如：程大昌的《演繁露》卷一第六頁，即在版心刻「《演繁露》卷一　　六　照曠閣。」

《學津討原・凡例》：「舊刻諸書或本無序文，或有序文而無甚發明者，皆錄　《四庫提要》以冠于首。其新增之書，擇其秘抄舊刻，略述授受源流，與《津逮》舊收而重覓善本訂定者，

皆附跋數語以誌顛末。」[111]所謂「舊刻」，指的是原來在《津逮秘書》即有著錄者。凡是這類的書籍，或本無序文、或有序文而無發明者，張海鵬均冠〈提要〉於首。新增之書，海鵬皆搜求祕抄舊刻，也就是找尋最善之本來刊刻，並略述授受源流。其實這部分，張海鵬也大多附上序文、〈提要〉等來「略述授受源流」。而這兩者在最末，均附上跋語數條以誌顛末。

　　所謂的「跋語數條」，則有三種不同的情形：第一、該書若在《秘冊彙函》中即有著錄，後來《津逮秘書》亦收錄者，例如沈胡二人的〈題辭〉，《學津討原》本大多附在該書正文之前。如有原書跋尾、沈胡二人〈後跋〉和毛晉〈識語〉，《學津討原》本則放在該書最末。第二、只有《津逮秘書》著錄之書籍，如有原書跋尾和毛晉的〈識語〉，《學津討原》本必附在最末。第三、《學津討原》新增之書，如有原書跋尾，《學津討原》必附在該書最末。如這三類原書無跋尾，或跋尾甚無發明者，張海鵬則會自撰〈識語〉附於最後，從這裡我們可以得知張海鵬得書、版本、校勘……等的經過情形。此外，有時還會附上校刊者的〈識語〉，或請他人撰寫〈識語〉。

第一類：《秘冊彙函》、《津逮秘書》皆收錄之書，例如：

　　《周髀算經》附〈音義〉，最前面是《周髀算經·序》，其次是沈、胡二人的〈題辭〉，再其次為正文，最後有毛晉的〈識語〉。

---

[111] 〔清〕張海鵬：《學津討原·凡例》。見〔清〕張海鵬輯：《學津討原》第一冊，頁8。

《數術記遺》最先前為〈提要〉，其次為正文。

李鼎祚輯的《李氏易解》一書，內容編排的順序是〈提要〉、李鼎祚〈序〉、朱睦㮮〈序〉、正文、張海鵬〈識語〉。

《東京夢華錄》最前是〈序文〉和目錄，其次是正文，最後有胡震亨的〈識語〉、毛晉的〈識語〉。

《泉志》在內容上的編排順序是《泉志‧序》、〈總目〉、正文、沈士龍〈後跋〉。

《異苑》最前面為〈提要〉，其次是胡震亨的〈題辭〉、〈劉敬叔傳〉、〈目錄〉、正文、毛晉〈識語〉。

第二類：僅《津逮秘書》收錄之書，例如：

《詩地理考》在內容的編排順序是《詩地理考‧敘》、《詩地理‧總說》、正文。

《漢制考》在內容的編排順序上是〈序〉、正文。

《唐國史補》一書，前有〈提要〉、〈補目〉，其次為正文。

《焦氏易林》，最前面是〈提要〉，其次是〈目錄〉，接著有〈易林筮儀〉一卷，然後是正文部分，末有張海鵬〈識語〉。

《西溪叢語》，最先是〈提要〉，其次是正文，末有毛晉〈跋語〉和校訂者黃廷鑑〈識語〉。

《夢溪筆談》〈補筆談〉附，在編排上依序是〈提要〉、〈序〉、〈目錄〉、《夢溪筆談》正文、湯脩年〈跋〉、毛晉兩篇〈識語〉、〈夢溪補筆談〉正文、張海鵬〈識語〉。

第三類：《學津討原》新增的書籍，例如：

《尚書鄭注》，最前面是孔廣森《尚書鄭注‧序錄》、張海

鵬《尚書鄭注・後序》二篇序文，其次是正文。

《春秋微旨》，前面冠有〈提要〉，其次是《春秋微旨・序》，接著是正文部分，最後有張海鵬〈識語〉。

《續宋編年資治通鑑》在內容上的編排順序為〈提要〉、〈目錄〉、正文、張海鵬〈識語〉。

《庚申外史》一書，僅有正文和張海鵬〈識語〉。

《閒居錄》最先為〈提要〉，其次是正文，最後有張大鑑的〈識語〉。

《鑒戒錄》在內容上的排列順序是〈提要〉、〈目錄〉、正文部分、張海鵬〈識語〉。

《唐摭言》一書在內容上的編列順序依次是〈提要〉、〈目錄〉、正文、張海鵬〈識語〉。

第七節　《學津討原》的版本和現藏概況

《學津討原》一書的版本，最早是清嘉慶七年壬戌（1802年）至嘉慶十年乙丑（1805年）刊刻，嘉慶十一年丙寅（1806年）出版的虞山張氏照曠閣刻本，可知張海鵬是以「照曠閣」的名義刊行。其次是民國十一年（1922年）上海商務印書館據原本影印的刊本。

這兩個版本的現藏情形，筆者就所能查尋的圖書資料及線上搜尋，將其分列如下：

《中國古籍善本書目－叢部》記載大陸地區收藏全本「清嘉慶十年乙丑（1805年）張氏照曠閣刻本」之處，計有北京圖書館（今大陸地區的國家圖書館）、北京師範大學圖書館、復旦大學

圖書館、天津圖書館、陝西師範大學圖書館、山東省圖書館、浙江圖書館、福建圖書館、重慶市圖書館九個地方，中國人民大學圖書館則收有殘本。上海圖書館則藏有經清人陳鱣校訂並撰有跋語的清刊殘本，僅存十二種六十六卷。[112]

　　《中國叢書綜錄》著錄收藏全本「清嘉慶十年虞山張氏照曠閣刊本」，計有北京圖書館（今大陸地區的國家圖書館）、首都圖書館、中國科學院圖書館、上海圖書館、復旦大學圖書館、天津市人民圖書館、遼寧省圖書館、甘肅省圖書館、青島市圖書館、南京圖書館、南京大學圖書館、浙江圖書館、河南省圖書館、湖北省圖書館、武漢大學圖書館、四川省圖書館、重慶市圖書館十七處；北京師範大學圖書館、吉林市圖書館、哈爾濱市圖書館、福建省圖書館、武漢市圖書館五處則藏有殘本。「民國十一年上海商務印書館據清張氏刊本景印」的本子，計有北京圖書館（今大陸地區的國家圖書館）、首都圖書館、北京大學圖書館、北京師範大學圖書館、清華大學圖書館、上海圖書館、華東師範大學圖書館、上海師範學院圖書館、上海辭書出版社圖書館、天津市人民圖書館、吉林市圖書館、吉林大學圖書館、陝西省圖書館、甘肅省圖書館、山東省圖書館、山東大學圖書館、南京圖書館、南京大學圖書館、蘇州市圖書館、安徽省圖書館、浙江圖書館、杭州大學圖書館、福建省圖書館、福建師範大學圖書館、河南省圖書館、江西省圖書館、廣東省中山圖書館、四川省圖書館、重慶市圖書館、四川大學圖書館、雲南省圖書館、中央

---

[112] 請參照中國古籍善本書目編輯委員會編：《中國古籍善本書目・叢部》，頁424、746。

民族學院圖書館共三十二個地方；武漢市圖書館則藏有殘本。[113]

　　《中國古籍總目》著錄收藏「清嘉慶十年虞山張氏照曠閣刻本」全本，計有中國國家圖書館、遼寧省圖書館、復旦大學圖書館、天津圖書館、山東省圖書館、浙江省圖書館、湖北省圖書館、福建省圖書館、重慶市圖書館九處；上海圖書館則收藏「清陳鱣校並跋」的殘本。著錄收藏「民國十一年上海商務印書館影印清嘉慶十年張氏刻本」全本，計有北京大學圖書館、上海圖書館、天津圖書館、甘肅省圖書館、南京大學圖書館、廣東省圖書館、四川省圖書館七處。

　　另外，根據《山東師範大學圖書館館藏古籍書目》可知，則山東師範大學圖書館藏有民國十一年（1922年）上海涵芬樓據清張氏照曠閣版影印本。[114]《山西省圖書館普通線裝書目錄》著錄山西省圖書館藏有清嘉慶間張氏照曠閣刻本的殘本，以及上海博古齋在民國十一年（1922年）據張氏照曠閣版的影印本一百七十七冊。[115]

　　至於臺灣這方面的收藏，根據《臺灣公藏普通線裝書目書名索引》的著錄，可知國立臺灣大學的文學院圖書館藏有「《學津討原》二十集一百七十六種，清嘉慶十年乙丑（1805年）虞山張氏照曠閣[116]刊本」，中央研究院歷史語言研究所的傅斯年圖書館收藏有「《學津討原》二十集一百七十三種，民國十一年（1922

[113] 上海圖書館編：《中國叢書綜錄》，頁967。
[114] 張宗茹、王恆柱編纂：《山東師範大學圖書館館藏古籍書目》（濟南：齊魯書社，2003年5月），頁391。
[115] 山西省圖書館編：《山西省圖書館普通線裝書目錄》（太原：北岳文藝出版社，1998年12月），頁994。
[116] 原書誤為「曠照閣」，今更之。

年）上海商務印書館影本」，國立臺灣師範大學圖書館收藏有
「《學津討原》十三集」的清刊本。[117]

再據中央研究院歷史語言研究所編印的《中央研究院歷史
語言研究所普通本線裝書目》之記載「《學津討原》一百三十七
種、二百冊，清張海鵬輯，民國十一年（1922年）上海商務印書
館影印本」[118]可進一步得知此套叢書共為二百冊。

在網路搜尋上，從國家圖書館的網頁得知典藏有《學津討
原》民國十一年（1922年）上海涵芬樓影印本。[119]

其他方面，嚴一萍所選輯的《百部叢書集成》，是現今使
用性最高的一套叢書。其中，亦將《學津討原》著錄於第四十六
部，出版日期為民國五十四年（1965年）。不過由於其收錄的原
則，在於重覆的書籍僅擇最早或最佳版本著錄，故此套叢書中的
《學津討原》並非全本。

臺灣新文豐出版社曾在民國六十九年十二月（1980年）、江
蘇廣陵刻印社在1990年出版過《學津討原》，全書共十六冊。但
並非根據原本影印，編排方式也有所不同。筆者認為，之所以會
有這樣的改變，完全是受了嚴一萍著錄方式的影響。

嚴一萍在選輯時，均會為各叢書撰寫一篇〈總目〉。從這
〈總目〉可知，嚴一萍為何選錄這套叢書中的某些書籍，並註明
現代的圖書分類。新文豐和江蘇廣陵刻印社所出版的《學津討

---

[117] 請參照國立中央圖書館特藏組編：《臺灣公藏普通本線裝書目書名索
引》（臺北：國立中央圖書館，民國71年1月），頁1086。

[118] 中央研究院歷史語言研究所編印：《中央研究院歷史語言研究所普通本
線裝書目》（臺北：中央研究院歷史語言研究所，民國59年11月），頁
49。

[119] 請查尋國家圖書館網頁http://www2.ncl.edu.tw/。

原》，在編排上即是用現代的圖書分類，將原本按照經、史、子、集的排列順序打散。其收錄的分類順序是總類（考據、專科書目、類書、諸子叢鈔）、哲學類（導引、易類哲學、儒家哲學、道家哲學、雜家哲學、讖緯、堪輿、卜筮、術數）、宗教類（佛教雜著、寺觀）、自然科學類（算學、天文學、生物學、水產、醫方）、應用科學類（農業、農具、茶、糖、香、石、硯、墨）、社會科學類（社會教育、兒童教育、古儀禮、錢幣、官制、制度、官箴、地方行政、判牘、戰術）、語文學類（訓詁、文字、音韻、辭書）、史地類（歷代史考、先秦史尚書、先秦史春秋、漢稗史、唐編年、唐史論、宋編年、宋稗史、宋稗史外患、五代史記、金稗史、元稗史、明稗史、明稗史勘亂、中國地理歷代、中國地理先秦、都會、江蘇地理、地域地理、亞洲地理、物產、歷代史評）、文學類（詩經、詩話、詩詞題解、作詩法、文話、書牘、神異小說、瑣談、故事）、藝術類（樂器、園林、書論、書傳、畫論、畫傳、碑帖考識、篆刻、彈丸）。

而收錄的書籍，也並非完全是依照《學津討原》著錄的版本。例如：《考古編》一書，嚴一萍選輯的《百部叢書集成》中，《儒學警悟》、《函海》、《學津討原》均有此書，《儒學警悟》為宋本，故影印收入於《儒學警悟》中。《鶡冠子》一書，《聚珍版叢書》、《子彙》、《學津討原》均有此書，《子彙》最先，故影印收入於《子彙》。《忠經》一書，《津逮秘書》、《漢魏叢書》、《學津討原》均有此書，《津逮秘書》本最佳，故影印入《津逮秘書》。新文豐和江蘇廣陵刻印社出版的《學津討原》，也是採取這種方式，用最早、最佳的版本來代替原先在《學津討原》中的版本。

這樣的著錄方式，它的優點在於，單就一書而言，在內容上，絕對是最早、最佳的本子，以此作為閱讀或研究的底本最為適當。但以文獻資料的角度來看，這是不妥的。因為整部叢書已經順序錯置且遭割裂，內容上也非原貌，無法完整地保存，是功是過，殊難判斷。二家所出版之書，已非《學津討原》原貌，在使用時須特別留意。

第八節　特色、價值和缺失

一、特色和價值

《學津討原》全書的特色和價值，總體說來，可以歸納出以下幾點：

（一）和《津逮秘書》相較，它的收書範圍擴大，收錄了很多《津逮秘書》未載而又很有價值的書籍。

例如：范坰、林禹合撰的《吳越備史》，是以編年體的方式，記敘了錢鏐以下三世五王的事跡。此書從宋代以來已經殘缺不全。《四庫全書》所著錄的此書，和《學津討原》所收的相比，尚缺二圖。因而《學津討原》本的《吳越備史》，彌足珍貴。

朱長文的《吳郡圖經續記》稀傳於世，此書是續大中祥符的《圖經》所做。在敘述上很簡潔，北宋以來的州郡之志，以此書最為古老。

陳第的《毛詩古音考》，對於上古音的研究有開創之功。陳師文等人編纂的《增廣太平惠民和濟局方》，是一代著名的宋代醫書。

　　《學津討原》中史料筆記的著錄占了很大的比例。像王明清的《玉照新志》雖然在內容上多言神怪之事，但亦談及朝野舊聞，如王堯臣〈諫取燕雲疏〉、李長民〈廣汴都賦〉等均載入其中，極具價值。而《李氏刊悞》、《鼠璞》、《春明退朝錄》、《封氏見聞記》、《唐摭言》等，也都是《津逮秘書》未收錄而具有極高價值之書。

（二）《學津討原》所選用的底本，有不少是珍貴而難得的善本。

　　例如：王定保的《唐摭言》一書，商濬編輯的《稗海》本刪去大半，陶宗儀的《說郛》本僅僅只有一卷，均不足道。盧見曾的《雅雨堂叢書》得此足本十五卷，可稱完備，但內容的校勘上仍有瑕疵。張海鵬〈識語〉云：

> 《唐摭言》十五卷，無宋槧可讎，所見者唯一二。照宋鈔本後有嘉定辛未鄭昉〈題識〉者最為近古，所稱「白頭本」也。按第十卷「載應不捷聲賈益振」，「蔣凝」條云：「白頭花鈿滿面，不若徐妃半粧。」後人周知改作「白頭」，于字義則易明，於用意則甚乖。《雅雨堂》槧本亦仍其失。世人輕改古書，東坡因嘗病之矣。余既從邵腴仙處假得舊本，是正蓋類校訂之難，倘壹日宋槧種子尚見，人間或恣金根日及有不止於是者，是又深望而未敢必者也。嘉慶乙丑（1805年）荷誕日，琴川張海鵬識。[120]

―――――――――――
[120] 〔清〕張海鵬：〈《唐摭言》識語〉。見〔清〕張海鵬輯：《學津討

《雅雨堂叢書》本為足本，但在第十卷「蔣凝」條中的「臼頭」經後人妄改成「白頭」。張海鵬四處搜求《唐摭言》的善本，依從了鄭昉〈題識〉的精良宋鈔臼頭本，並感嘆世人輕改古書之弊病。

錢易《南部新書》一書，觀張海鵬〈識語〉云：

> 《南部新書》，宋錢希白撰，子明逸〈序〉。事實千列卷十，多唐時五代軼事，世所傳者多摘錄之。本洪武間有清隱老人〈跋〉，謂與蜀本不同，此所有者，蜀本不載，彼所載者，此又不收。以曾公《類說》所收事實校之，今本所無二千餘言，事實五十有一，作《補遺》。又以《類說》省文，所言甚節，以俟舊本訂正，則此書宋槧已絕，久無善本可知矣。是編乃邵君朗仙從吳門士禮居黃氏傳抄者也。黃氏藏書富甲吳郡，邵君博學耆古，所抄多絕無僅有之書，是編自甲至癸，凡十卷，共八百五十七條，與《四庫總目》所稱八百餘條適合，間有脫誤處，如「半隱亭」脫十一字，「柳公權筆偈」脫一句，「靈隱寺桂」脫一行，「玉藻笏」末三句誤入下條，「裴諝」作「裴謂」，「休澣」作「休韜」，「石斛」作「石解」之類，俱照黃君琴六所藏趙清常校本訂正，「語兒梨」一條，原本「兒鄉上屈雲峰」謂疑脫「因名語」三字。「黃式」以下舊本別作一條，黃琴六謂即「語兒梨」錯簡，應并作一條，「月」當作「年」，「魏明年」當作「魏明帝」，今

皆注本條之下，以見校訂之苦心。昔趙清常脈望館、吳匏
菴叢書堂俱未見全帙。今得是本，亦可無遺憾矣。嘉慶甲
子（1804年）冬抄虞山張海鵬識。[121]

可知此書宋本已絕，世所傳本，多寡不一，有從曾慥《類
說》中摘錄成書者，但刪削太甚，不足為取。張海鵬先從邵恩多
處得到黃丕烈士禮居的鈔本，凡十卷，共八百多條，與《四庫全
書總目》之〈提要〉所說的條數相合，惟脫誤處頗多，因而再取
黃廷鑑所藏的趙琦美校本進行校訂，更正了諸多脫誤之處後，才
將《南部新書》刻入《學津討原》之中。

（三）所載之書，首尾俱備，使得一些殘缺之書得以補足。

所收之書無缺卷、無刪削，是張海鵬編輯《學津討原》的宗
旨之一，亦是自清代乾嘉以來，一直是編輯叢書的重要標誌。其
〈凡例〉云：「是編所輯，皆購原書，無一刪節。有其書久佚，
經後人搜採重輯者，殘璣斷璧，彌為可貴，間存一二，不在此
例。」[122]即在收書上力求首尾完備。

吳偉業《綏寇紀略》，張海鵬〈《綏寇紀略》識語〉云：

余裒集叢書，例以明代為斷，梅村先生身入本朝，而《綏
寇紀略》一書，專記殘明流寇始末，故從《津逮》收陶南

---

[121] 〔清〕張海鵬：〈《南部新書》識語〉。見〔清〕張海鵬輯：《學津討
原》第十三冊，頁240-241。

[122] 〔清〕張海鵬：《學津討原・凡例》。見〔清〕張海鵬輯：《學津討
原》第一冊），頁8。

邨《輟耕錄》之例收入。按《曝書亭‧跋》，先生於順
治壬辰（1652年）未出山時，舍館嘉興，蒐輯是編，原題
《鹿樵紀聞》，後改今名。卷分一十有五，世所行者，梁
谿鄒氏本止一十二卷而已。余既從琴六黃君假得鄒刻，尚
以未見全璧為憾。適婁東蕭君子山來虞，稱有司成手錄原
書三卷，因介孫君子瀟丐借讎勘及展閱，適為所缺三卷。
內一卷專記殉難諸賢始末，為之狂喜，勝獲殊珍。其字跡
頗不類一手，中有極蒼老之筆，的係先生手蹟也。蓋蕭君
夫人為先生女曾孫，當其分授遺書，適得是三卷，有若遙
遙之相待者，是固先生之文章，精氣鬱久必光，而亦諸公
之毅魄忠魂，有以憑依而呵護之。故假手數人以合延津之
劍，誰謂翰墨，因緣所係，願淺鮮哉！惜尾頁闕如此則蘭
亭七字，損本尚餘，小憾爾！嘉慶甲子夏六月張海鵬識。[123]

　　《綏寇紀略》全書十五卷，世所傳梁谿鄒氏本止十二卷。張
海鵬從蕭山處發現了手鈔原稿三卷，正是所缺的三卷，張海鵬將
此書補齊，使之首尾俱全，刻入《學津討原》，百年未全之書，
遂成完璧。
　　何薳《春渚紀聞》，張海鵬〈識語〉云：

　　《春渚紀聞》十卷，姚叔祥得自沈虎臣家及陳眉公《祕
　　笈》者僅五卷，汲古毛氏購得全本，補其脫誤者半，其

[123] 〔清〕張海鵬：〈《綏寇紀略》識語〉。見〔清〕張海鵬輯：《學津討
原》第十冊，頁734。

後毛扆復得宋刻尹氏本，知九卷中「南皮遺瓦」後尚有脫
頁，雖經影寫，所缺而《津逮》板賀他，所未得補刊。今
「南皮遺瓦」、「蓮葉風字」、「烏銅提研」等脫處，從
抱經堂《群書拾補》補入，而邵闇仙又借黃蕘圃家所藏宋
本，校其訛舛之字，乃無遺憾，是書之刊，姚氏質訂再三
而開其先，毛氏父子相繼幾費苦心，一則補其半而猶有脫
頁，一則寫所缺而未能補刊，直至今日，余有叢笈之刻，
始得完璧，豈以有數存乎其間耶？因載各跋於後，以見前
人之用心，而校勘之難言，以從可識矣。乙丑四月虞山張
海鵬識。[124]

　　姚士粦從沈虎臣家與陳繼儒《寶顏堂秘笈》中取得的《春渚
紀聞》僅有五卷，毛晉雖購得足本補齊全書十卷，但其子毛扆發
現在第九卷尚缺一頁，雖經影寫，但未能補刻。張海鵬取盧文弨
《群書拾補》補入所缺之頁，使得完備，而邵恩多又從黃丕烈處
得宋本校之，遂使此書無遺憾，刊入《學津討原》之中。

（四）在校勘方面，比毛晉《津逮秘書》本更加詳細認真，盡量保持舊本原貌。

　　除了上述的張海鵬對各書籍所撰寫的〈識語〉得知，《學津
討原》在校勘方面，下了很大的工夫。它是在毛晉《津逮秘書》
的基礎上擴編完成的，對於《津逮秘書》已收之書，校勘更為精

---

[124] 〔清〕張海鵬：〈《春渚紀聞》識語〉。見〔清〕張海鵬輯：《學津討
　　原》第十二冊，頁197-198。

審。筆者再舉例一書加以說明：

《湘山野錄》一書，張海鵬〈識語〉云：

> 宋僧文瑩《湘山野錄》上、中、下三卷，汲古閣刊本卷上
> 第三條「挾墻壁間上」舊注有缺誤，今邵閬仙從黃蕘圃家
> 抄得宋槧本，詳為校訂，補入十四行。又二行原缺，仍宋
> 本之舊。其毛本未注缺而有缺誤者。卷中「胡大監」條大
> 訛，文胡亦必廟堂術也，下脫「甚憾之」三字，乞賜一
> 監監之訛，見下句多不字。卷下「宋齊邱相」條，「華林
> 廣」下脫「園以明妝列侍呂齊邱共宴試小妓羯鼓齊邱即」
> 十九字。「張晦之」條「龍山落」下脫「帽臺碑以表其墓
> 焉」八字。其他一字、二字之訛，指不勝屈，俱遵宋本校
> 正云。巳丑清和月虞山張海鵬識。[125]

可知張海鵬根據邵恩多從黃丕烈處抄得的宋槧本《湘山野
錄》，補上毛晉《津逮秘書》中所缺的十四行。除此之外，又校
勘其他脫誤之處，有八字、十九字不等，至於一字、二字者，更
不在話下。

（五）各書之外多附有張海鵬撰寫的《識語》，藉以瞭解得
書、版本、校勘……等的經過情形。

此點從筆者上述引用張海鵬的〈識語〉即可明白，不再贅述。

---

[125] 〔清〕張海鵬：〈《湘山野錄》識語〉。見〔清〕張海鵬輯：《學津討
原》第十三冊，頁761。

二、缺失

《學津討原》的優點固然很多，但也並非盡善盡美，仍有它的缺失。最主要在於有些書所根據的底本並非善本，在校勘上也有疏忽，存在著一些錯誤。於此，李春光《古籍叢書述論》說：

> 當然《學津討原》也存在一些不足。有的書的底本未能得到最善之本，在校勘上也有疏忽之處，因而存在一些脫誤。如《宋季三朝政要》，陸心源在《儀顧堂題跋》中就指出此書《學津討原》本卷二中有一處竟缺一千餘字。《吳郡圖經續記》，《學津》本有任意竄改之處。《茅亭客話》也存在不少訛誤，比後來胡氏《琳琅秘室叢書》本大為遜色。[126]

一套大型叢書的刊刻，必須花費眾多的人力、物力、財力……等等，這類的疏忽雖在所難免，然而我們還是要苛責一番。但筆者認為最大的失敗之處，在於收錄《津逮秘書》已著錄之書籍時，竟然有些書的版本比《津逮秘書》本還要遜色。像《麻衣道者正易心法》、《洛陽伽藍記》、《忠經》、《貴耳集》，《津逮秘書》本均較《學津討原》本校刻精審，如果把這些書籍均以毛晉的《津逮秘書》本做為底本，刊入《學津討原》之中的話，至少也不會產生這種情形，張海鵬未能做到「後出轉精」，實為《學津討原》的一大遺憾。

---

[126] 李春光：《古籍叢書述論》，頁162-163。

第九節　後人對《學津討原》的評價

　　中國科學院圖書館整理的《續修四庫全書總目提要（稿本）》，由謝國楨撰寫的〈提要〉云：

> 《學津討原》一百七十二種，一千四十二卷，清嘉慶十年照曠閣刻本，二百八十冊，清張海鵬編。海鵬字若雲，號子瑜，江蘇常熟人，是書取毛氏汲古閣所輯《津逮秘書》，而損益之，嘗以類集叢殘，以知不足齋鮑氏、汲古閣毛氏為善。然毛氏則多采書畫、跋尾、詩話之屬，鮑氏則意專在未刊之本，未能以四部分類。李調元《函海》，雖由漢迄今多及百種，然專主全蜀人物而不及其他。趙紹祖《涇川叢書》亦能網羅散佚，然又專主一隅，而并不及本郡，此蓋一方之書，非可以統古今之盛，該宇宙之全。是書就毛氏原書刪去詩話、書畫、題跋，去《子貢詩傳》、《申培詩說》等偽書，所收皆《四庫》秘鈔，有稗經史實用之書，取去精嚴，考證詳確，每書之後皆附《四庫提要》，其無〈提要〉者，則並撰跋尾，詳述其書之始末原委，《津逮》所收，諸書終於有元，茲書由上古以迄明代為止，且所輯皆本原書，無一刪節，凡得一百七十餘種，取劉勰《新論》「道象之妙，非言不津，津言之妙，非學不傳」之意，故定名為《學津討原》。漢唐著述、宋元稗乘，蒐輯頗備，實叢書之權輿，學術之淵藪

也。[127]

　　筆者認為，此〈提要〉最獨特之處，是將《學津討原》和其他的叢書相比較，藉以突顯出《學津討原》的特色與價值。毛晉的《津逮秘書》雖遍及經史子集四部，但多采書畫、跋尾、詩話之作；意在說明《學津討原》刪去跋尾、詩話二類的書籍，所收之書除了書畫譜錄之外，亦多經史實學、朝章典故、遺聞佚事的著作。鮑廷博《知不足叢書》，其特色在於專收未刊之作，此說明《學津討原》所錄除了罕見之外，亦著重實用。李調元的《函海》為郡邑叢書，專收蜀人著作，趙紹祖《涇川叢書》雖網羅散佚，但專主一隅，又不收本郡之書。《學津討原》不僅網羅散佚，又不專主一隅，所收之書四部皆有，而本郡之書，亦有著錄。如《癸巳論語解》一書，即先人張栻所作。其他所述，皆和《學津討原·凡例》相同，並無創新。但云「每書之後皆附《四庫提要》」一語則誤，應改「後」為「前」方才正確。

　　筆者以李春光《古籍叢書述論》的話作為對《學津討原》的總結：

　　　　但總的來說，《學津討原》在乾嘉時期是一部質量較高的叢書，引起了不少學者的重視，為我們提供了不少新的校本，對於古籍整理和流傳作出了貢獻。[128]

---

[127] 中國科學院圖書館整理：《續修四庫全書總目提要（稿本）·叢部·雜叢類·清中期·學津討原》第三十一冊，頁211。
[128] 李春光：《古籍叢書述論》，頁163。

　　不過，我們也應當看到此部叢書亦有它的缺失，但瑕不掩瑜，總體說來，《學津討原》確實是一部在收書的數目、品質上均較佳的叢書。

結論

　　沈士龍、胡震亨彙刻的《秘冊彙函》，收書二十四種，一百四十三卷，多集中在經、史、子三部，特色在於保存了許多具有研究價值而罕見的書籍，尤其是〈子部・小說家類〉的神異、志怪小說。版式行款每半頁九行，每行十八字，左右雙欄，白魚尾，白口。該叢書始雕於明萬曆年間，天啟元年辛酉（1621年）發生火災時停止刊刻，崇禎三年庚午（1630年）時將殘版售與毛晉。

　　毛晉在《秘冊彙函》的基礎上，並在胡震亨的協助之下，自明崇禎三年，迄清順治六年彙刻《津逮秘書》。全書收錄書籍和卷數，筆者根據《汲古閣校刻書目》推論一百四十五種、七百四十九卷。版式行款主要有一、原《秘冊彙函》本：每半葉九行，每行十八字，白口，左右雙欄。二、汲古閣刻本：又可分為兩種，（一）版心較寬，下方題「汲古閣」的版本，此版式又有二：一為每半葉九行，每行十九字，左右雙欄，線魚尾，花口；二為每半葉八行，每行十九字，左右雙欄，線魚尾，花口。（二）版心較窄，下方題「汲古閣」的版本，此版式亦有二：一為每半葉九行，每行二十一字，左右雙欄，線魚尾，花口；二為每半葉八行，每行十九字，左右雙欄，線魚尾，花口。三、綠君亭本：《津逮秘書》中只有《葬經》〈葬經翼〉附、《洛陽伽藍記》兩書屬於「綠君亭」的版式，其中《葬經》〈葬經翼〉附的版式行款為每半葉八行，每行十八字，四周單欄，無行界、魚

尾;《洛陽伽藍記》的版式行款為每半葉八行,每行十八字,四周單欄,版心上下無界欄,亦無行界、魚尾。四、《輟耕錄》本:每半葉十行,每行二十一字,有的版式有線魚尾,有的則無。《津逮秘書》的特色在於:一、所收的書籍多是足本。二、所收之書多為罕見之書。三、注重選擇的版本。四、校勘的態度認真。五、大部分各書之後附有〈識語〉。

張海鵬效法同鄉先賢毛晉,以剞劂古書為終身之志業,最為人熟知的就是他刊刻了《學津討原》、《墨海金壺》、《借月山房彙鈔》三套叢書。其中《學津討原》是最早彙刻完成的一部該叢書從嘉慶七年壬戌(1802年)秋天開雕,竣工於嘉慶十年乙丑(1805年)冬天,嘉慶十一年丙寅(1806年)正式出版問世。

收錄書籍的數量和卷數,各研究者的統計數目並不相同,依張海鵬《學津討原・總目》統計收書一百七十二種,一千零四十三卷。版式行款每半頁九行,每行二十一字,左右雙欄,線魚尾,黑口。《學津討原》據毛晉《津逮秘書》刪減增補而來,其刪汰毛氏《津逮秘書》收錄《子貢詩傳》、《申培詩說》、《雜事秘辛》、《焚椒錄》、《捫蝨新語》等經《四庫全書總目》之〈提要〉判訂是偽作和穢語妄誕之書,以及題跋、詩話的著作;增入《四庫全書》著錄有關「經史實學」、「朝章典故」、「遺聞佚事」、「書畫譜錄」的著作。

以嚴一萍《學津討原・總目》為基準來計算,《學津討原》收錄的書籍,和《百部叢書集成》中其他的叢書相較,優於其他叢書的版本和僅有《學津討原》收錄的書籍,約佔六成二,是一部實用性高的叢書。該叢書的特色有:一、和《津逮秘書》相較,它的收書範圍擴大,收錄了很多《津逮秘書》未載而又很有

價值的書籍。二、所選用的底本,有不少是珍貴而難得的善本。
三、所載之書,首尾俱備,使得一些殘缺之書得以補足。四、在
校勘方面,比毛晉《津逮秘書》本更加詳細認真,盡量保持舊本
原貌。各書之外多附有張海鵬撰寫的《識語》,藉以瞭解得書、
版本、校勘……等的經過情形。《學沖討原》是張海鵬所刻的三
部叢書之中,最為學林重視的一部。

徵引書目

一、古籍

（*排列順序：一、依作者時代排列，二、按作者姓氏筆劃順序排列，三、依出版時間先後排列。四、未題作者列於最後。）

〔宋〕晁公武撰，〔清〕王先謙校：《郡齋讀書志》（中和：廣文書局，民國68年4月影印長沙王先謙校刊本）。

〔明〕毛晉輯：《津逮秘書》（上海：博古齋，民國11年（1922年）影印明崇禎間虞山毛氏汲古閣刊本）。

〔明〕毛晉輯：《增補津逮秘書》（京都：中文出版社，1980年2月影印吉川幸次郎博士所藏本）。

〔明〕毛晉：《汲古閣校刻書目》（北京：書目文獻出版社，1994年1月馮惠民、李萬健等選編《明代書目題跋叢刊》）。

〔明〕沈士龍、胡震亨輯：《秘冊彙函》（臺北：藝文印書館，民國55年《百部叢書集成》影印《秘冊彙函》本）。

〔明〕胡震亨：《唐音癸籤》（上海：上海古籍出版社，1981年5月）。

〔清〕王彬修、徐用儀纂：《海鹽縣志》（臺北：成文出版社，民國64年《中國方志叢書》華中地方第207冊影印清光緒二年（1876年）刊本）。

〔清〕：王鳴盛：《蛾術編》（臺北：信誼書局，民國65年7月影印道光二十一年辛丑（1841年）本）。

〔清〕田文鏡、王士俊等監修，孫灝、顧棟高等編纂：《河南通志》（臺北：臺灣商務印書館，民國75年《景印文淵閣四庫全書》史部294冊地理類總冊536影印國立故宮博物院藏本）。

〔清〕法式善：《陶廬雜識》（北京：中華書局，1997年12月）。

〔清〕胡玉縉撰、王欣夫輯：《四庫全書總目提要補正》（上海：上海書店，1998年1月）。

〔清〕紀昀總纂：《四庫全書總目》（石家莊：河北人民出版社，2000年3月）。

〔清〕張海鵬輯：《學津討原》（臺北：藝文印書館，民國54年《百部叢書集成》影印張氏照曠閣刊本）。

〔清〕張海鵬輯：《學津討原》（臺北：新文豐出版社，民國69年12月）。〔清〕張海鵬輯：《墨海金壺》（臺北：禹甸文化，民國70年（1981年）8月影印民國十年（1921年）上海博古齋本）。

〔清〕清國史館原編：《清史列傳》（北京：中華書局，1987年11月）。

〔清〕黃廷鑑：《第六弦溪文鈔》（臺北：藝文印書館，民國57年《百部叢書集成》影印《後知不足齋叢書》本）。

〔清〕黃丕烈著、潘祖蔭輯、周少川點校：《士禮居藏書題跋記》（北京：書目文獻出版社，1989年8月）。

〔清〕嵇曾筠等監修、沈翼機等編纂：《浙江通志》（臺北：臺灣商務印書館，民國75年《景印文淵閣四庫全書》史部280冊地理類總冊522影印國立故宮博物院藏本）。

〔清〕鄭鍾祥等修、龐鴻文等纂：《重修常昭合志》（臺北：成文出版社，民國63年6月《中國方志叢書》影印清光緒甲辰三十年（1904年）活版刊本）。

〔清〕錢謙益：《列朝詩集小傳》（臺北：世界書局，民國74年2月）。

未題編者：《南張世譜》（北京：線裝書局，2002年）。

二、專著

（一、按作者姓氏筆劃順序排列，二、依出版時間先後排列。）

上海圖書館編：《中國叢書綜錄》（上海：上海古籍出版社，1982年12
　　月）。

山西省圖書館編：《山西省圖書館普通線裝書目錄》（太原：北岳文藝
　　出版社，1998年12月）。

中央研究院歷史語言研究所編印：《中央研究院歷史語言研究所普通
　　本線裝書目》（臺北：中央研究院歷史語言研究所，民國59年11
　　月）。

中國科學院圖書館整理：《續修四庫全書總目提要（稿本）》（濟南：
　　齊魯書社，1996年12月）。

中國古籍善本書目編輯委員會編：《中國古籍善本書目－叢部》（上
　　海：上海古籍出版社，1998年3月）。

中國古籍總目編纂委員會編：《中國古籍總目・叢書部》（北京：中華
　　書局、上海：上海古籍出版社，2009年10月）。

王雲五主編：《續修四庫全書提要》（臺北：臺灣商務印書館，民國61
　　年3月）。

王重民輯錄、袁同禮重校：《美國國會圖書館藏中國善本書目》（永
　　和：文海出版社，民國61年6月）。

王重民：《中國善本書提要》（上海：上海古籍出版社，1983年8
　　月）。

天津人民出版社、百川書局出版社主編：《中國文學大辭典》（臺北：
　　百川書局，民國83年12月）。

北京圖書館善本組編：《1911-1984影印善本書目錄》（北京：中華書
　　局，1992年6月）。

李春光：《古籍叢書述論》（瀋陽：遼瀋書社，1991年10月）。

沈津：《美國哈佛大學哈佛燕京圖書館中文善本書志》（上海：上海辭
　　書出版社，1999年2月）。
洪湛侯：《中國文獻學要籍解題》（杭州：杭州大學出版社，1997年11
　　月）。
翁連溪編校：《中國古籍善本總目－叢部》（北京：線裝書局，2005年
　　5月）。
張宗茹、王恆柱編纂：《山東師範大學圖書館館藏古籍書目》（濟南：
　　齊魯書社，2003年5月）。
國立中央圖書館特藏組編：《臺灣公藏普通本線裝書目書名索引》（臺
　　北：國立中央圖書館，民國71年1月）。
國立中央圖書館特藏組編：《國立中央圖書館善本書目》（臺北：國立
　　中央圖書館，民國75年12月）。
國家圖書館特藏組編：《國家圖書館善本書志初稿－叢書部》（臺北：
　　國家圖書館，民國89年5月）。
楊家駱主編：《叢書大辭典——附叢書總目類編》（臺北：鼎文書局，
　　民國66年1月）。
劉尚恆：《古籍叢書概說》（上海：上海古籍出版社，1989年12月）。
顧志興：《浙江藏書家藏書樓》（杭州：浙江人民出版社，1990年2月）。

三、期刊

（依出版日期先後排列）

孔毅：〈汲古閣刻本《津逮秘書》雜考〉，《四川圖書館學報》第3期
　　（1989年），頁67-69。
李春光：〈張海鵬和《學津討原》〉，《文史知識》1992年3月（總第
　　129期），頁72-75。
金聲：〈清代著名刻書家張海鵬〉，《新聞出版交流》1期（2000
　　年），頁25。

李春光：〈毛晉和《津逮秘書》〉，《圖書館論壇》第22卷第5期（2002
　　年10月），頁177-179。

四、網頁

國家圖書館網頁：http://www2.ncl.edu.tw/。
臺灣大學圖書館網頁：http://www.lib.ntu.edu.tw/default.htm。

語言文學類　PG1923　文學視界87

張海鵬《學津討原》及其相關問題

作　　者／劉學倫
責任編輯／鄭伊庭
圖文排版／楊家齊
封面設計／葉力安

發 行 人／宋政坤
法律顧問／毛國樑　律師
出版發行／秀威資訊科技股份有限公司
　　　　　114台北市內湖區瑞光路76巷65號1樓
　　　　　電話：+886-2-2796-3638　傳真：+886-2-2796-1377
　　　　　http://www.showwe.com.tw
劃撥帳號／19563868　戶名：秀威資訊科技股份有限公司
　　　　　讀者服務信箱：service@showwe.com.tw
展售門市／國家書店（松江門市）
　　　　　104台北市中山區松江路209號1樓
　　　　　電話：+886-2-2518-0207　傳真：+886-2-2518-0778
網路訂購／秀威網路書店：http://store.showwe.tw
　　　　　國家網路書店：http://www.govbooks.com.tw

2017年12月　BOD一版
定價：300元
版權所有　翻印必究
本書如有缺頁、破損或裝訂錯誤，請寄回更換

國家圖書館出版品預行編目

張海鵬《學津討原》及其相關問題 / 劉學倫作. -- 一版.
-- 臺北市 : 秀威資訊科技, 2017.12
　　面；　　公分. -- (文學視界 ; 87)
BOD版
ISBN 978-986-326-488-0(平裝)

　1. 學津討原　2. 版本學　3. 研究考訂

082.5　　　　　　　　　　　　　　　106019675

讀者回函卡

感謝您購買本書，為提升服務品質，請填妥以下資料，將讀者回函卡直接寄回或傳真本公司，收到您的寶貴意見後，我們會收藏記錄及檢討，謝謝！如您需要了解本公司最新出版書目、購書優惠或企劃活動，歡迎您上網查詢或下載相關資料：http:// www.showwe.com.tw

您購買的書名：_____

出生日期：_____年_____月_____日

學歷：□高中 (含) 以下　　□大專　　□研究所 (含) 以上

職業：□製造業　□金融業　□資訊業　□軍警　□傳播業　□自由業
　　　□服務業　□公務員　□教職　　□學生　□家管　　□其它_____

購書地點：□網路書店　□實體書店　□書展　□郵購　□贈閱　□其他

您從何得知本書的消息？

　□網路書店　□實體書店　□網路搜尋　□電子報　□書訊　□雜誌

　□傳播媒體　□親友推薦　□網站推薦　□部落格　□其他_____

您對本書的評價：(請填代號　1.非常滿意　2.滿意　3.尚可　4.再改進)

　封面設計____　版面編排____　內容____　文／譯筆____　價格____

讀完書後您覺得：

　□很有收穫　□有收穫　□收穫不多　□沒收穫

對我們的建議：_____

_____

_____

_____

11466
台北市內湖區瑞光路 76 巷 65 號 1 樓
秀威資訊科技股份有限公司　　　收
BOD 數位出版事業部

....

（請沿線對折寄回，謝謝！）

姓　　名：_____　年齡：_____　性別：□女　□男

郵遞區號：□□□□□

地　　址：_____

聯絡電話：(日) _____　(夜) _____

E-mail：_____